Die letzte Auktion
Kurzgeschichten von Carmi Navarra

D1664742

Die letzte Auktion

Kurzgeschichten

von

Carmi Navarra

Pia Bischoff Verlag Köln

Pia Bischoff Verlag Köln
 c/o Auktionshaus Bischoff
Am Duffesbach 8 50677 Köln
0221/9233600
1. Auflage Oktober 2007
© 2007 Carmi Navarra
Alle Rechte vorbehalten
Druck, Satz: Druckerei Braun
Umschlagfoto: Carmi Navarra
Umschlaggestaltung: Carmi Navarra
Lektorat: Jan Clasen
Printed in Germany
ISBN 978-3-940763-00-6

Für
Johanne Christiane Pötzsch
und
Anna Maria Herrmann

"Wer denkt mitten im Strom noch an die Quelle?"
(polnisches Sprichwort)

INHALT

GESCHLOSSENE GESELLSCHAFT

Mein Name ist Sonja Heumann. Ich bin achtunddreißig Jahre alt, wiege zweiundsechzig Kilo ohne Kleider, messe einen Meter einundsiebzig ohne Schuhe und stehe – sozusagen im Augenblick – gedemütigt im Büro.

Ich wurde aus Versehen gezeugt, zu Hause geboren und in der Heiligen Geist Kirche getauft. Im Tennisclub habe ich mich mehr oder weniger erfolgreich abgerackert, auf dem Bauernhof unserer Siedlung die ersten Kletterversuche gewagt, und meinen Mann Hubert Krasser in der Schule kennen gelernt. Ich habe studiert, drei Kinder geboren und lebe im Haus meines inzwischen Ex-Mannes, der nur noch mein Arbeitskollege sein darf. Mit diesem Abstieg versucht er seit geraumer Zeit so gut es geht fertig zu werden – leider geht es nicht so gut. Daran möchte auch seine Frau Alice nichts ändern.

„Wir sehen uns doch bestimmt am Samstag zum fünfzigsten Geburtstag von Herrn Krasser", sagte die Steuerfachangestellte Frau Schmidt zu mir, als ich mich gerade nach Hause verabschieden wollte. „Alle anderen Kollegen und viele Ihrer Mandanten kommen auch."

Eine tiefe Röte ergoss sich über mein Gesicht, während ich verlegen auf den Boden starrte.

„Wir ... äh ... werden uns wohl kaum treffen, denn ... äh ... ich bin nicht eingeladen." Dann verließ ich fluchtartig den Raum, denn ich schämte mich fast zu Tode, als einzige nicht eingeladen worden zu sein, und das auch noch öffentlich bekennen zu müssen. Mein Ex-Mann hatte mir nicht einmal die Würde gelassen, eine Einladung aus Termingründen ablehnen zu können.

Ich flüchtete auf die Toilette, wo ich so lange ausharrte, bis ich mich dem Leben da draußen wieder gewachsen fühlte. Aber gerade, als ich meinen Schutzraum verlassen wollte, hörte ich, wie sich die Tür zum Vorraum bei den Waschbecken öffnete, und Frau Mahler mit Frau Schmidt laut schwatzend eintrat.

Kurz entschlossen entschied ich mich dafür, den Büroklatsch zu belauschen.

„Sie ist wirklich nicht eingeladen worden?", hörte ich Frau Mahler mit gieriger Sensationslust in der Stimme fragen. „Und wie hat sie es aufgenommen?"

„Du kannst dir doch wohl denken wie man sich fühlt, wenn alle Kollegen, ein Großteil deiner Mandanten, sämtliche Verwandte und auch ein Teil deiner Freunde eingeladen worden sind, nur du selbst nicht." Ich konnte Frau Schmidts mitleidigen Blick förmlich durch die Trennwände auf mir spüren. „Für die Heumann wird das ein Spießrutenlauf, wenn man sie noch öfter darauf anspricht!"

Ein Wasserhahn wurde aufgedreht, der Seifenspender betätigt und dann wusch sich die eine der beiden ausgiebig die Hände, während die andere klappernd in ihrer Schminktasche kramte.

„Ich hätte nie gedacht, dass der so gemein sein kann", nahm Frau Mahler den Faden wieder auf. „Und ich dachte immer, die beiden verstehen sich noch so gut."

„Das sieht nur so aus, weil sie sich nämlich jede Unverschämtheit gefallen lässt, die er ihr unter dem Deckmäntelchen der Rechtschaffenheit um die Ohren haut! Apropos Rechtschaffenheit: Ist dir schon einmal aufgefallen, wie er jeder Frau auf den Busen und den Hintern starrt, selbst wenn seine frisch Angetraute mit dabei ist?"

„Das kann man ihm bei der Frau wohl kaum verdenken", murmelte Frau Mahler leise. Der Wasserhahn wurde wieder zugedreht und das Papier aus dem Spender raschelte.

„Seine Neue hat übrigens auch das Messer auf die Heumann geschliffen!" Frau Schmidt senkte nun verschwörerisch ihre Stimme, so dass ich Mühe hatte, auch den Rest noch zu verstehen. „Ich habe da vorgestern ein Gespräch mit angehört – einfach irre! Da hat die alte Gewitterziege doch tatsächlich gedroht, die Party platzen zu lassen, wenn Frau Heumann auch nur einen Fuß über die Türschwelle des Partyraums setzt! Mit ihrem lippenlosen Mund hat sie etwas von wegen ‚geschlossener Gesellschaft‘ gefaselt und dass Außenstehende dort nichts zu suchen hätten."

Es folgte Stille. Ich konnte hören, wie sich die Tür vom Vorraum zum Flur hin öffnete und wieder schloss, dann war ich allein.

Ein fettes Grinsen überzog nun mein Gesicht, hatte ich doch soeben eine angemessene Geburtstagsüberraschung für meinen Arbeitskollegen und Ex-Mann gefunden.

Am Samstagnachmittag erschien Anna, meine beste Freundin, um mir bei der Verpackung des Geschenks zu helfen. Jetzt stand ich vor dem Spiegel und hätte mich fast selbst nicht wieder erkannt. Sonst blond und kurzhaarig, trug ich nun eine Perücke aus feuerrotem, langem Haar, das in einer flammenden Kaskade bis zur Taille herabfiel. Niemand, der mich gewöhnlich nur in Jeans, Sweatshirt und Sneakers kannte, hätte mich in dem schwarzen, hochgeschlitzten Kleid vermutet, das wie eine zweite Haut saß und einen Teil meiner Schenkel entblößte. Meine Freundin hatte mir außerdem ein Make-up verpasst, das in geradezu perfekter Weise meine Augen mit den grün getönten Kontaktlinsen betonte, und die Farbe der

Augenbrauen dem Rot der Haare angepasst. Lippen und Fingernägel waren knallrot angemalt, und als einziges Schmuckstück zierte eine zarte Goldkette meinen Hals.

Abgerundet wurde das Ganze durch ein Paar Schwindel erregende High heels, auf denen ich stundenlang vor dem Spiegel das Laufen geübt hatte.

„Perfekt", sagte Anna und begutachtete ihr Werk. „Niemand wird dich so erkennen, und dein Ex und seine Hexe schon gar nicht. Aber denk daran: Mach bloß nicht den Mund auf!" Sie grinste breit und fügte hinzu: „Ich kann förmlich sehen, wie dem der Sabber aus den Mundwinkeln tropft."

„Solange er nur da tropft …"

Wir schütteten uns aus vor Lachen, und als der bestellte Taxifahrer an der Tür klingelte, umarmte ich meine Freundin zum Abschied.

„Ich rufe dich heute bestimmt noch an, egal wie spät es wird."

„Dann mal toi, toi, toi, und zeig es ihnen!"

Es war genau halb sieben, als ich das Foyer der Steuerberatungsgesellschaft betrat, wo ein schmucker, junger Auszubildender als Türsteher abgestellt worden war.

Er musterte mich anerkennend von oben bis unten, kam dann aber doch seiner Pflicht nach und fragte mich nach meiner Einladung. Mir stockte der

Atem – damit hatte ich nicht gerechnet. Aber noch bevor es für mich peinlich werden konnte, fühlte ich, wie sich von hinten ein schwitzender Arm um meine Taille legte und eine näselnde Stimme sagte:

„Ist schon gut, junger Freund, die schöne Frau gehört zu mir!"

Das wüsste ich aber, dachte ich belustigt und sah mit einem strahlenden Lächeln auf den kleinen Dr. Donner herab. Er war zwar eigentlich ein Kotzbrocken, hatte mich aber gerade aus einer ziemlich peinlichen Situation befreit, so dass mir ein Lächeln als Belohnung durchaus angemessen erschien.

Nachdem ich mich durch eine leichte Drehung der Hüfte von seinem Arm befreien konnte, fuhren wir gemeinsam in den vierten Stock, wo sich der büroeigene Partyraum befand. Während der ganzen Fahrt taxierte mich Dr. Donner ausgiebig, ohne allerdings das geringste Anzeichen des Erkennens zu zeigen. Gut gemacht, Anna!

Oben angekommen, folgten wir der Musik und betraten den Partyraum. Es war gerammelt voll. Jeder der aufgedonnerten Gäste quatschte ununterbrochen auf sein Gegenüber ein, ohne einer etwaigen Erwiderung auch nur die geringste Beachtung zu schenken. Alle waren nur damit beschäftigt, die Aufmerksamkeit auf sich zu ziehen und ihr Weinglas korrekt zu halten.

Als ich den Raum betrat, stießen sich die Männer

gegenseitig verstohlen an und starrten mich an, als wäre ich ein erotischer Traum, der plötzlich Wirklichkeit geworden war. Allen voran Hubert Krasser, das Geburtstagskind. In seinem schwarzen Anzug mit dem dazu passenden schwarzen Hemd sah er richtig gut aus, jedenfalls für die, die ihn nicht so gut kannten wie ich. Er wollte gerade auf mich zugehen, als sich von hinten eine Hand auf seine Schulter legte und ihn zurückhielt. Seine Frau Alice flüsterte etwas in sein Ohr, dann blickte sie mich an und verzog dabei ihren übellaunigen Mund zu einer Grimasse, die sie wohl für ein Lächeln hielt.

Hubert gab dem DJ ein Zeichen, der drehte die Musik leise und das erste Partyspiel wurde angekündigt. An den Tischen mussten die Gäste in Vierergruppen ein etwa zwanzigteiliges Puzzle zusammensetzen, das nach der Fertigstellung den dreißig Jahre jüngeren Hubert zeigen sollte.

Dr. Donner nahm mich wieder unter seine Fittiche und führte mich an seiner schweißnassen Hand zu einem Tisch, an dem zwei weitere Kollegen saßen. Ich nickte den beiden höflich zu, sagte aber kein Wort. Mit fahrigen Händen wurden Puzzleteile gedreht, gewendet und schließlich zusammengeführt, wobei jeder der anwesenden Herren regelmäßig seinen Blick in mein Dekolletee versenkte. Endlich schaute uns die junge Version von Hubert – damals noch ohne Tränensäcke und Falten – verwegen an. Dreißig Jahre Abstieg hätten nicht deutlicher ausfallen können. Wer hatte sich bloß dieses blöde Spiel ausgedacht?

Nachdem ich meine Pflicht getan hatte, verließ ich sichtbar gelangweilt den Tisch, um an die Bar zu gehen. Dort stellte ich mich genau in Huberts Blickrichtung in Pose. Ich beugte mich so über die Theke, dass er meine Rundungen ausgiebig betrachten konnte, und bestellte beim Barkeeper einen Drink. Dann sah ich mit einem unschuldigen Blick in Huberts Richtung. Der wandte sich blitzschnell ab und wurde knallrot. Ich hatte ihn ertappt – die Begierde hatte ihm im Gesicht gestanden. Nun, da ich seine ganze Aufmerksamkeit hatte, konnte ich mit meiner kleinen Performance für ihn beginnen.

Ich drückte meine Brüste lasziv gegen die Marmortheke und wippte mit leichten und sinnlichen Bewegungen vor und zurück, so dass sich mein Busen sanft an der Marmorplatte rieb. Als nächstes legte ich meinen Kopf auf die Schulter und schloss für einen Augenblick die Augen, ohne dabei mein kleines, verführerisches Spiel zu unterbrechen. Dann pickte ich mit meinen langen Fingern einen Eiswürfel aus dem Drink, führte ihn genussvoll an die Lippen, gerade so, als ob ich ihn küssen wollte und platzierte ihn schließlich auf meiner Zunge. Dort ließ ich ihn schmelzen und das Wasser über meine Finger laufen, die ich dann lüstern ableckte. Dabei sah ich Hubert gleichzeitig direkt in die Augen. Ich ging fast ein bisschen zu weit, doch wie es schien, waren Hubert und Alice die einzigen, die von meiner Performance in Bann gezogen wurden – so unglaublich das klingen mag. Jedenfalls schien das, was ich da aufführte, die anderen Partygäste nicht im Geringsten zu beeindrucken.

Langsam ließ ich mich von meinem Barhocker gleiten und ging zum Ausgang, allerdings in der sicheren Gewissheit, dass Hubert mir sehr bald folgen würde.

Ich vergewisserte mich, dass die Toiletten und der Waschraum leer waren, und dann wartete ich dort. Nur wenig später wurde die Tür vorsichtig geöffnet und Hubert kam herein. Ohne ein Wort packten mich seine kräftigen Arme, hoben mich auf den Waschtisch und dann hauchte Hubert sanft:

„Willst du, dass ich wieder gehe?"

Als Antwort umklammerte ich mit beiden Armen seine breiten Schultern, behielt aber gleichzeitig die Tür im Auge. Mit einer schnellen Bewegung löste ich den Verschluss seines Gürtels und öffnete seine Hose, so dass diese nach unten auf seine Füße fiel. Genau in diesem Augenblick ging die Tür auf, und ich schaute in die entsetzten Augen von Alice. Hinter ihr versammelten sich bereits die ersten Zuschauer.

„Geschlossene Gesellschaft", sagte ich laut und deutlich. „Außenstehende sind hier unerwünscht."

Die Würde des Menschen ist allerorts papier-
dünn.

Mutter Winter

„Tausend Jahre sind vor dir wie der Tag, der gestern vergangen ist …" Nach unserem Ermessen liegt in diesem „einen biblischen Tag" eine Lebensspanne von etwa fünfundsiebzig Jahren, die sich für mich um fünfzig Jahre zurückspulte, als ich auf die alte Haustür des Mietshauses in Duisburg zuging. In der sich zurückdrehenden Zeit lagen die tausend großen und kleinen Zwischenfälle, Erlebnisse und Ereignisse meines bisherigen Lebens, das hier seinen Anfang genommen hatte.

Unsere Familie war in den frühen fünfziger Jahren aus der ehemaligen DDR nach Westdeutschland geflüchtet, wo wir schließlich in Duisburg strandeten. Und obwohl es uns damals an Vielem fehlte, verbrachte ich hier die drei schönsten Jahre meiner Kindheit. Die besondere Atmosphäre jener Jahre, die mich seither erfüllt und nicht mehr losgelassen hat, bestand in Sorglosigkeit, Unbeschwertheit und in Lebenslust, vor allem aber in der bedingungslosen Liebe unserer Nachbarin Frau Winter zu uns Kindern.

Nun stand ich also vor der alten Haustür, die immer noch dieselbe wie vor fünfzig Jahren war – heute nur braun statt früher grün –, und studierte die Namen auf den Klingelschildern, obwohl ich nicht ernsthaft damit rechnete, dass mir noch einer davon bekannt sein würde.

Während ich dies tat, öffnete ein alter Mann die Tür und fragte, ob er mir helfen könne. Verlegen erklärte ich ihm, dass ich vor einer halben Ewigkeit hier aufgewachsen sei und dass ich das Haus gern noch einmal von innen gesehen hätte. Höflich trat er zur Seite und gerade als ich die ersten drei Stufen zum Erdgeschoss hinauf gehen wollte, kam eine gut gekleidete, alte Frau auf einen Stock gestützt aus ihrer Wohnung.

Wir sahen uns an. Diese Augen würde ich auch noch in hundert Jahren wieder erkennen, weil sie immer noch die gleiche Güte, Gelassenheit und Liebe ausstrahlten – eben Frau Winters Augen. In diesem Moment verließ ich den Orbit und landete wieder auf meinem Heimatplaneten.

Und auch sie erkannte mich an meinen Augen wieder – frech und lieb zugleich, wie sie meinte. Wir umarmten uns herzlich, als wäre ich nie weg gewesen, weinten ein wenig und es war für uns beide ungewohnt, dass nun ich es war, die sich hinunter beugen musste, damit wir uns umarmen konnten.

Niemals hätte ich zu hoffen gewagt, dass ausgerechnet Frau Winter, die ich vor fünfzig Jahren als meine Mutter adoptiert hatte, noch in derselben Wohnung auf mich warten würde.

Wir verbrachten eine gemütliche Stunde miteinander, in der wir alte Erinnerungen austauschten, und dann wurde es Zeit für uns, sich zu verabschieden. Ein letztes Mal nahmen wir uns in die Arme, verdrückten nochmals ein paar Tränen, trafen aber keine weiteren Verabredungen für die Zukunft, die wir dann, aus welchen Gründen auch immer, doch nicht einhalten würden. Wenn wir uns während der vergangenen fünfzig Jahre nicht vergessen hatten, dann würde sie mich auch den Rest meines Weges im Herzen begleiten und ich sie, da war ich mir ganz sicher.

Wieder daheim angekommen, betrachtete ich mein ruheloses Leben der letzten Jahre, in denen ich so oft auf der Suche nach einem Zuhause umgezogen war, ohne eines zu finden.

Nach dieser Begegnung fühlte ich mich endlich wieder geerdet und ich wusste, dass für mich in

Zukunft Zuhause kein Ort mehr sein würde, sondern nur bei den Menschen sein konnte, die mich genauso bedingungslos aufnahmen, wie Mutter Winter es getan hatte.

DIE LETZTE AUKTION

Das Klingeln des Telefons am späten Abend verheißt meistens nichts Gutes. Verschlafen streckte Anja die Hand nach dem Hörer aus und meldete sich.

„Kann ich zu dir kommen?", fragte Katrin am anderen Ende der Leitung ohne jede Begrüßung.

„Stimmt etwas nicht?"

„Was, zum Teufel, meinst du denn, was nicht stimmen sollte?"

Da fielen Anja auf Anhieb nicht nur Katrins ständige Geldnöte ein, sondern auch ihre marode Ehe, die seit zwanzig Jahren mehr oder weniger still vor sich hindümpelte.

„Du hast mich eingeladen", schnappte Katrin beleidigt, „schon vergessen?"

Nein, das hatte Anja nicht. Sie hatte Katrin, ihre alte Freundin aus Studientagen, im Laufe der letzten zehn Jahre zweimal für ein paar Tage in Hamburg besucht, und jedes Mal halbherzig eine Gegeneinladung ausgesprochen. Aber im Stillen hatte Anja gehofft, dass diese niemals angenommen werden würde.

„Ich kann dir aber nur mein Sofa im Wohnzimmer

als Schlafstätte anbieten", versuchte Anja verzweifelt, den Besuch noch abzuwenden. Sie wusste, dass Katrin solche Unbequemlichkeit hasste.

„Das macht nichts." Katrin atmete so tief durch, als holte sie zu einem kräftigen Schlag aus. „Hauptsache, es stinkt nicht nach Nikotin."

Genau das hatte Anja befürchtet. Deshalb war sie immer im Sommer zu Katrin gefahren, weil man dann draußen rauchen konnte. Seit Katrin selbst nicht mehr qualmte, hatte sie sich diesbezüglich zu einer schwierigen und kleinlichen Person entwickelt, die Anja immer mehr an ihre Mutter erinnerte. Beide konnten mit ihren schmallippigen Mündern ihrer Verärgerung über Raucher im Allgemeinen und Anja im Besonderen deutlich Ausdruck verleihen. So ein Pech, dass Katrin Anjas Einladung ausgerechnet im November annehmen musste.

„Ich komme übermorgen um zwölf Uhr am Köln-Bonner Flughafen an und bleibe für vier Tage." Keine höfliche Frage, ob Anja der Zeitpunkt überhaupt gelegen käme. „Und noch etwas: Ich will auf alle Fälle zur letzten Auktion in diesem Jahr vom Auktionshaus Bischoff gehen. Du weißt doch wohl hoffentlich wo das ist, oder?", fragte Katrin bedrohlich.

„Aber sicher!" Anja war froh, sich nun auf sicherem Boden bewegen zu können. „Der Inhaber ist sogar ein guter Freund von mir!"

Ein befriedigtes Grunzen bohrte sich in Anjas

Ohr. „Das ist ja bestens! Ich habe nämlich in der Antiquitäten Zeitung gelesen, dass es dort eine Bronzestatue von Ferdinand Barbedienne zu ersteigern gibt. Die muss ich unbedingt haben!" Ein leises Schmatzen verriet Anja, dass Katrin gerade in ein Brot gebissen hatte. „Dann hol mich übermorgen ab." Das war keine Frage, das war ein Befehl.

„Natürlich, das ist doch selbstverständlich", antwortete Anja gehorsam. Gleichzeitig überkam sie eine mörderische Wut, weil sie jedes Mal, wenn sie im Kasernenhofton ihrer Mutter angesprochen wurde, zum willenlosen Zombie mutierte.

An Schlafen war nun nicht mehr zu denken. Anja ging in die Küche, um sich mit Hilfe ihres besten Rotweins in eine gastfreundliche Laune zu versetzen. Eine halbe Flasche später fand Anja schließlich, dass vier Tage ja keine Ewigkeit seien, und dass die bestimmt schnell vorüber gehen würden.

Tags darauf bestückte Anja ihren Kühlschrank mit Katrins Lieblingsleckereien, um sie möglichst gnädig zu stimmen. Schließlich liebte Katrin gutes Essen – ihr Körperumfang war der beste Beweis dafür. Die Wohnung wurde ebenfalls gründlich durchgelüftet und erst als sich bei Anja die ersten Erfrierungszeichen einstellten, schloss sie die Terrassentür und die Fenster. Alles war bestens vorbereitet.

An Katrins Ankunftstag versank Köln im Schnee, was höchstens alle 100 Jahre einmal vorkommt. Also holte Anja ihre Freundin mit dem Flughafenbus ab.

„Ist es weit bis zu deinem Auto?", fragte Katrin nach einer kühlen Begrüßung.

„Ich muss dich enttäuschen. Wegen des Wetters bin ich mit dem Bus hier."

„Das darf doch wohl nicht wahr sein. Bist du immer noch zu feige, um bei Schnee Auto zu fahren?" Katrin presste ihren Mund ungehalten zu zwei schmalen Strichen zusammen, was sie aussehen ließ, als hätte sie in eine Zitrone gebissen. Automatisch zog Anja ihren Kopf ein und die Schultern nach oben – ein Abwehrmechanismus aus Kindertagen.

Schweigend gingen die beiden Frauen zum Bus und fuhren dann wortlos bis zum Kölner Hauptbahnhof, wo sie in die Bahn umsteigen mussten. Völlig unerwartet kam hier Leben in Katrin.

„Ist vor dem Bahnhof noch dieser ungeheuer gute Reibekuchenstand?", fragte sie und ihre Augen glänzten fettig.

„Bestimmt!" Anja war noch nie ein solcher Stand aufgefallen. Ich bin tot, wenn es hier keine Reibekuchen gibt, dachte sie auf dem Weg zum Bahnhofsvorplatz und schickte ein Stoßgebet für Kartoffelpuffer zum Himmel. So nah am Dom wurde ihr Gebet erhört. Katrin steuerte zielstrebig den Stand ihrer Begierde an und orderte drei Reibekuchen für sich.

„Die darfst du bestimmt nicht essen, denk an deinen Cholesterinspiegel. Nimm doch einfach eine Tasse Kaffee."

Anja tat, wie ihr befohlen wurde, obwohl sie Katrin am liebsten erwürgt hätte. Aber dafür hätte sie sie anfassen müssen.

Nach dem Essen und ohne weitere Zwischenstopps erreichten sie Anjas Zuhause. Dort vermerkte Katrin wohlwollend, dass es in der Wohnung sehr frisch rieche, dafür, dass eine Raucherin hier wohne, und auch der Kühlschrankinhalt stellte sie nach einer kurzen Inspektion zufrieden.

Da sich Anja während der nächsten Tage das Rauchen schweren Herzens verkniff, geduldig Katrins Familienkatastrophen lauschte und auch die angebotenen Mahlzeiten zur Zufriedenheit der Freundin ausfielen, fand Katrin keinen Grund zur Klage.

Am dritten Tag bekam dieser Frieden allerdings einen Riss. Anja hatte sich während Katrins Mittagsschlaf in die Küche geschlichen, um dort am offenen Fenster heimlich eine Zigarette zu rauchen. Aber gerade, als sie sich leise aus der Küche zurück in ihr Zimmer verdrücken wollte, ertönte in ihrem Rücken Katrins strenge Stimme: „Anja, du hast geraucht!"

Aber anstatt Katrin in ihre Schranken zu weisen, sagte Anja nur kleinlaut: „Das Fenster war doch auf."

„Das Eine reicht aber nicht!", schnappte Katrin bissig.

In Windeseile riss Anja jetzt nicht nur sämtliche Fenster auf, sondern stellte auch noch ihre Ohren auf Durchzug. Ansonsten hätte sie die endlose Tirade über die Schädlichkeiten von Passivrauchen und Feinstaub nicht ertragen können. Und wieder kam diese Mörderwut in ihr hoch.

Endlich wurde es Zeit, ins Auktionshaus aufzubrechen. Die Wohnung war inzwischen eiskalt und Anjas Finger blau gefroren. Nur Katrin fühlte sich sichtbar wohl, denn sie hatte sich vorsorglich in Anjas wärmste Decke gehüllt und genoss hörbar die frische Luft. Gott sei Dank hatte die Decke Übergröße.

Es war noch eine Stunde Zeit bis zur Auktion, als sie das Auktionshaus „Am Duffesbach" betraten. Katrin wollte vor Beginn der Versteigerung das Objekt ihrer Begierde – einen antiken Bronzejüngling – noch genauestens unter die Lupe nehmen.

Bei ihrem Eintritt kam der Besitzer, Auktionator und gute Freund von Anja – Dirk Bischoff – aus den hinteren Räumen. Er war ein Riese von einem Mann und sehr kräftig, ohne dabei dick zu sein.

„Das ist aber eine Überraschung, Anja Baby!", rief er erfreut. „Dass du dich mal wieder hier blicken lässt!" Dirk beugte sich herunter und umarmte Anja herzlich. Dann bemerkte er Katrin. „Und wer ist das ‚schmale Reh', das du da im Schlepptau hast?" Katrin zog empört die Luft durch ihre Zähne und kniff dann die Lippen zusammen.

„Das ist Katrin Freiauf", antwortete Anja schnell, aber in ihrer Stimme klang unüberhörbar ein Lachen.

„Liebe gnädige Frau!" Dirk wandte sich grinsend an Katrin, nahm deren Hand und führte sie bis kurz vor seine Lippen. „Das ist aber eine Freude! Und was führt Sie in meine bescheidenen Hallen?"

„Bescheidene Hallen – schöner hätte ich es nicht sagen können", bemerkte Katrin spitz. „Bei Sotheby's sieht es ganz anders aus. Kaum zu glauben, dass Sie hier echte Kunst versteigern!"

„Was interessiert Sie denn besonders?" Ohne auf die Provokation einzugehen blieb Dirk freundlich. Das sah ihm aber so gar nicht ähnlich.

„Der Bronzejüngling von Ferdinand Barbedienne hat es mir angetan. Wie hoch ist das Limit?"

„800 Euro."

Katrin pfiff durch ihre Zähne. „Das ist aber ganz schön üppig!"

In Dirks Augen blitze es jetzt gefährlich. „Wenn Sie etwas Billigeres haben möchten, dann empfehle ich Ihnen dort drüben die Statue „Sumo Ringer" aus Plastik vom japanischen Restaurant „Zur dicken Wachtel". Die gibt es dann ohne Limit und die würde auch von den Maßen her viel besser zu Ihnen passen als ein schmaler zarter Bronzejüngling."

„Sie unverschämter Kerl!" Katrins Kopf hatte die Farbe einer reifen Tomate angenommen. „Dafür entschuldigen Sie sich!"

Aber Dirk drehte sich nur spöttisch lächelnd um und wandte sich an Anja: „Was machen denn deine Herbstzeitlosen, die wir neulich in Kalkofen auf der Wiese gefunden haben? Blühen die schon?"

„Kein Gedanke! Die liegen bloß ziemlich verschrumpelt auf der Fensterbank." Dirk lachte und begrüßte dann einen Kunden, der soeben das Auktionshaus betreten hatte.

„Kommst du endlich?" Katrin zog Anja heftig am Ärmel und presste sich vorbei an den Stuhlreihen zu der Eckvitrine, in der die Statue des Bronzejünglings stand. „Was kennst du bloß für komische Leute!"

„Das habe ich gehört!", trällerte Dirks Bass durch den Raum und Anja schämte sich für ihre Freundin.

Die Statue, die Katrin zu ersteigern wünschte, war wirklich ein einmalig schönes Stück. Sie hatte eine Höhe von ungefähr 50 Zentimetern und der Jüngling war mit einem wirklich sehenswerten Sixpack bestückt. Und nicht nur das. ‚Fast so, als würde er täglich ins Fitnessstudio rennen', dachte Anja, lächelte und musste Dirk insgeheim Recht geben, dass der schöne Jüngling so gar nicht zu Katrin passte. Ein weiterer Interessent quetschte sich nun vor die Vitrine und Anja trat zurück, noch bevor Katrin sich wegen zu großer Enge beschweren konnte. Die blitzte die Konkurrenz böse an und dann presste sie ihre Nase wieder gierig gegen die Glasscheibe. Das Auktionshaus füllte sich langsam und die besten Plätze waren schon besetzt.

„Hol' mir eine Bieternummer, Anja", befahl Katrin schroff und von ihrem gereizten Atem beschlug die Vitrinenscheibe.

Wieder ballte sich eine unendliche Wut in Anjas Innerstem zusammen und wieder schluckte sie sie herunter. Dann machte sie sich gehorsam auf den Weg zum Counter, vor dem schon eine lange Schlange wartete. Es dauerte eine kleine Ewigkeit, bis sie an der Theke vor ihrer Freundin und Dirks Frau Pia stand.

„Sorry, dass ich dich nicht schon längst begrüßt habe, Anja Baby", entschuldigte sich Pia, „aber du siehst ja, was hier los ist!" Routiniert legte sie die Bieternummer 69 und einen Bieterzettel auf die Theke. „Dirk meinte, du bist mit einer ziemlich fiesen alten Schachtel hier. Wie bist du bloß an die geraten?"

„Alte Studienkollegin", murmelte Anja verlegen, während sie den Bieterzettel ausfüllte. Im letzten Drittel stieß sie auf die Zeilen „Ausweis" und „Unterschrift". „Pia Baby, ich bin gleich wieder da. Aber Katrin muss noch unterschreiben und ihre Ausweisnummer eintragen."

„Wieso meldet die sich nicht alleine an? Oder ist sie Analphabetin?"

„Nein, Informatikerin."

„So, so!"

Die beiden Frauen grinsten sich an und Anja verschwand in Richtung der Vitrinen, aber Katrin war nirgends zu sehen. Sie ließ ihre Augen über die etwa fünfzig nahezu besetzten Plätze schweifen, bis sie Katrin am Ende einer langen Stuhlreihe vor dem großen Fernseher entdeckte. Hier würden bald die Fotografien von Pia erscheinen, die die zu ersteigernden Gegenstände zeigten. Anja drückte sich an den Leuten auf den besetzten Stühlen vorbei und murmelte unablässig leise Entschuldigungen, bis sie Katrin schließlich erreichte. Die blickte ungehalten von ihrem Versteigerungskatalog auf.

„Was gibt's?", schnauzte sie. „Kommst du etwa nicht zurecht?"

„Doch! Aber du musst den Bieterzettel noch unterschreiben und deine Ausweisnummer eintragen." Anja drückte ihr Bieternummer und -zettel in die Hand und registrierte, dass Katrin ihr noch nicht einmal einen Platz freigehalten hatte.

„Stell' dir mal vor – die Statue hat die Losnummer 664", sagte Katrin, während sie nach ihrem Ausweis kramte. „Da müssen wir fast bis zum Schluss hier bleiben."

„Wir müssen doch sowieso bis zum Ende da sein! Schließlich willst du die Statue gleich mitnehmen, falls du sie überhaupt bekommst."

„Natürlich bekomme ich sie!" Katrin funkelte Anja wütend an, besann sich aber dann eines Besseren. Mit schmeichlerischem Ton fuhr sie fort: „Ich dachte, du könntest vielleicht mit deinen Beziehungen etwas daran drehen."

„Wie stellst du dir das denn vor?", fragte Anja empört, nahm Katrin den ausgefüllten Zettel aus der Hand und machte sich auf den Rückweg zum Counter. Hier war jetzt Ruhe eingekehrt, so dass Anja mit Pia noch ein kleines Schwätzchen halten konnte. Anschließend ging sie vor die Tür und rauchte erst einmal in Ruhe und ohne Vorträge zwei Zigaretten.

„Können wir dann?" Dirks Stimme hallte durch das Auktionshaus. Er saß auf einem Barhocker hinter einem großen Pult und hatte den Beamer eingeschaltet. Auf dem Bildschirm erschien ein grünes Elektrogerät.

„Ich beginne mit der Losnummer 1: elektrisches Gerät, olivgrün. Anfangslimit: Zehn Euro." Niemand rührte sich. „Leute, was ist los? Sie sind doch bestimmt mal irgendwo eingeladen, wo sie nie wieder hingehen wollen. Das ist das ideale Mitbringsel! Verhindert garantiert jede Wiederholung!" Seine Stimme füllte den Raum auch ohne Mikrofon. „Außerdem hat ihre Schwiegermutter doch bestimmt auch mal Geburtstag!"

Das schien das richtige Stichwort gewesen zu sein, denn ein schmächtiger rothaariger Mann hob jetzt seine Bieternummer.

„Na seht ihr, es geht doch! Bietet jemand 11 Euro für Schwiegermutters Geburtstag?" Es erfolgte kein weiteres Gebot, so dass das Gerät für zehn Euro an den rothaarigen Bieter mit der Nummer 25 ging.

So ging es die nächsten zwei Stunden weiter bis zur Losnummer 342 – ein Radioschrank aus den 60er Jahren. Das war ein Angebot ohne Anfangslimit, aber selbst geschenkt hätte Anja diesen hässlichen Schrank nicht mitgenommen. ‚Ich bin mal gespannt, wie Dirk das Teil an den Mann bringen will', dachte sie.

„Will denn wirklich niemand diesen tollen Radioschrank für 5 Euro mitnehmen?" fragte Dirk eben. „Das Radio geht noch! Leute, habt Erbarmen!" Stille. „Jetzt aber mal hopp, hopp! Oder seid ihr nur gekommen, um euch aufzuwärmen?" Immer noch bewegte sich niemand, geschweige denn, dass eine Bieternummer in die Luft schnellte. „Mensch Meier, ich habe eine Frau, sieben Kinder und einen Ferrari. Und die wollen alle unterhalten werden!"

Zögernd ging jetzt eine Bieternummer nach oben. Dirk strahlte übers ganze Gesicht und hob den Versteigerungshammer, um den Zuschlag erteilen zu können. „Gnädige Frau, herzlichen Glückwunsch zu diesem wirklich guten Kauf! Zum Ersten, zum Zweiten und zum Dritten!" Der Hammer sauste donnernd auf die dafür vorgesehene Unterlage. „Verkauft für 5 Euro an die wunderschöne Dame mit der Nummer 48." Dann schenkte er der Frau sein schönstes Lächeln und fuhr fort: „Ich pass' aber darauf auf, dass sie dieses hässliche Teil auch ganz bestimmt mitnehmen!"

Drei Stunden später erfolgte dann endlich der Aufruf von Nummer 664. Anja hatte sich noch schnell draußen zwei Zigaretten eingepfiffen, stand jetzt bei Pia und beobachtete Katrin, die angespannt auf der äußersten Kante ihres Stuhls saß. Dirk erklärte:

„Zum Aufruf kommt jetzt die Losnummer 664 antiker Jüngling, Bronze, von Ferdinand Barbedienne, Frankreich, Mitte 19. Jahrhundert. Ich habe bereits ein Vorgebot von 1000 Euro. Wer bietet 1100 Euro?"

Wie von der Tarantel gestochen riss Katrin ihren Arm hoch.

„1100 Euro sind geboten. Wer bietet 1200?" Ein wirklich sehenswerter Mann hob seine Bieternummer.

„1200 Euro sind geboten." Jetzt nahm Dirk sein Telefon ans Ohr und lauschte. „Ich habe ein telefonisches Gebot von 1300 Euro." Katrins Gesicht war puterrot, als sie hektisch ihre Bieternummer in die Höhe hielt und rief: „Ich biete 1500 Euro!"

Woher hat sie bloß soviel Geld? dachte Anja. Aber wahrscheinlich verzockte Katrin gerade mal wieder ihren Dispo.

„Gnä' Frau, normalerweise rufe ich hier die Gebote auf!" Dirk lächelte süffisant und die Röte auf Katrins Gesicht vertiefte sich. „Aber nichts für Ungut. Das Gebot liegt also bei 1500 Euro. Bietet niemand 1600?" Stille. Keine Bieternummer hob sich. Daraufhin ließ sich Katrin erleichtert nach hinten in ihren Stuhl fallen. „1500 zum Ersten, 1500 zum

Zweiten und 1500 zum ... will denn niemand 1600 Euro bieten?"

Zögernd ging die Nummer des Mannes von eben in die Höhe.

„1600 Euro sind geboten. Bietet jemand 1700 Euro?" Gespannt blickte Dirk in Katrins Richtung. Die war aufgesprungen, fuchtelte wütend mit ihrer Nummer in der Luft herum und schrie: „Ich biete 2000 Euro! Und jetzt beeil' dich mal!"

Dirk lächelte und sagte langsam: „2000 Euro sind geboten. Bietet jemand 2200?" Er schaute erst nach rechts, dann nach links und schließlich geradewegs in Katrins Augen. „Gibt es keine weiteren Gebote?" Es herrschte absolute Stille. Anja war sichtlich gespannt, wie die Schlacht wohl weitergehen würde. „2000 Euro zum Ersten, zum Zweiten und zum ... Dritten!" Der Hammer sauste nach unten. „Der zarte Jüngling geht also an Nummer 69. Wenn das mal nichts zu bedeuten hat! Und auch diesmal greift das Goethe-Wort: Der Wahn ist kurz, die Reue lang. Trotzdem wünsche ich Ihnen viel Freude an dem Teil, gnädige Frau!"

Eine Stunde später war die letzte Auktion beendet, Katrin hatte ihre Statue erhalten und presste sie an ihren überdimensionalen Busen. Auf dem Heimweg fragte sie Anja:

„Was hat dieser komische Typ eigentlich mit dem Goethezitat gemeint?"

Verlegen kaute Anja auf ihrer Unterlippe.

„Dieses Zitat bringt Dirk immer, wenn jemand einen Gegenstand für einen Preis ersteigert, der über dem eigentlichen Wert liegt."

Der vierte und letzte Tag brach an und Anja wollte für ihre Freundin als krönenden Abschluss deren Lieblingsessen zaubern – Rinderfilet mit Kartoffelpüree. Sie hatte gerade die neuen Kartoffeln aus dem Keller geholt, die sie extra bei Feinkost Schlemmer besorgt hatte, als Katrin in die Küche kam.

„Die sehen aber lecker aus, daraus könnten wir doch prima Reibekuchen machen."

„Aber ich wollte …", wagte Anja zum ersten Mal einen Einwurf.

„Papperlapapp, ich will Reibekuchen!"

„Aber ich habe keine Zwiebeln. Die habe ich vergessen, einzukaufen."

„Und was ist das?" Katrins ausgestreckter Zeigefinger deutete gebieterisch auf die Fensterbank. Das Küchenlicht spiegelte sich in ihrem blutrot lackierten Fingernagel.

„Das sind zwei Blumenzwiebeln von Herbstzeitlosen", erklärte Anja. „Ich habe sie im letzten Monat auf einer Wiese bei Dirk in Kalkofen gefunden. Davon haben wir doch gestern vor der Auktion erzählt!"

„Ich kann mir doch nicht alles merken, was du so von dir gibst!"

„Ich gelesen habe", fuhr Anja unbeeindruckt fort, „dass die Knollen dieser Blumen auch blühen, wenn man sie im Spätsommer ohne Erde und Wasser auf ein sonniges Fensterbrett stellt. Und das wollte ich ausprobieren. Aber vielleicht sollte ich sie besser wegwerfen, bevor es zu einer Verwechslung kommt. Schließlich ist das Gift tödlich." Anja wollte gerade nach den Zwiebeln greifen, um sie zu entsorgen, als Katrin ihr auf die Finger schlug.

„Das glaubst du doch wohl selber nicht! Du und dein netter Freund, ihr wolltet mich doch gestern bloß veräppeln! Genauso, wie der mich gestern zu Höchstpreisen getrieben hat! Zugegeben, die Zwiebeln wirken schon etwas gammelig, aber sie sehen aus wie Küchenzwiebeln und riechen wie Küchenzwiebeln." Katrin hielt sich die giftigen Blumenzwiebeln unter die Nase und schnüffelte daran. „Für Reibekuchen sind sie jedenfalls gut genug! Du bist bloß sauer, weil du davon nichts essen kannst."

Zum ersten Mal seit Langem überkam Anja eine tiefe, innere Ruhe. Wenn Katrin partout Reibekuchen wollte, dann sollte sie die auch bekommen. Schließlich war Anja nicht nur eine gute Freundin, sondern auch eine ausgezeichnete Gastgeberin.

„Selbstverständlich mache ich dir Reibekuchen." Anja umarmte Katrin herzlich.

„Na siehst du, es geht doch. Von wegen Herbstzeitlose. Du hast vielleicht Ideen!" Zufrieden verließ Katrin die Küche und ließ Anja werkeln.

Noch nie hatte Anja so sorgfältig Kartoffeln und Zwiebeln geschält wie für Katrins Henkersmahlzeit. An ihrem letzten Tag in Köln sollte sie noch einmal richtig verwöhnt werden.

Als der erste Kartoffelpuffer fertig war, klapperte Katrin bereits ungeduldig im Wohnzimmer mit ihrem Besteck. Anja legte den fertigen Reibekuchen hastig auf einen Teller ihres besten Geschirrs und brachte ihn zu Katrin ins Wohnzimmer.

„Da hast du dich aber selbst übertroffen, meine Liebe", lobte Katrin ihre Freundin gönnerhaft und mit einem gierigen Blick auf den Teller. „Dieser Kartoffelpuffer hat eine perfekte, goldbraune Farbe, ist nicht zu fettig und sieht aus wie gemalt."

„Das habe ich für dich an deinem letzten Tag doch besonders gern getan."

Fünf weitere, perfekte Reibekuchen ließ sich Katrin servieren, bevor sie ihr Besteck zur Seite tat und sich zur Verdauung auf das Sofa legte. Vom Tisch nahm sie den Bronzejüngling und drückte ihn an sich.

„Selten so gut gegessen", sagte sie schläfrig, streichelte die Statue zärtlich und rülpste leise. „Schade, dass du so etwas nicht essen darfst."

„Ich werde es überleben." Lächelnd steckte sich Anja eine Zigarette an und nahm Katrin den Jüngling aus dem Arm.

WINK DES HIMMELS

Es war ein kalter Winterabend, als sie Ralf auf dem Polterabend ihrer besten Freundin begegnete. Plötzlich hatte er vor ihr gestanden und ihr einen Drink angeboten. Sabine sah in grüne Augen, in denen winzige goldene Sprenkel schimmerten und die sie charmant anlächelten. Aber seine Stimme war es, bei der ihr der Atem stockte. Tief und seidig berührte sie jede freie Stelle ihrer Haut. Sabine merkte, wie sich die feinen Härchen an Armen und Nacken aufstellten.

Sie starrte ihn an und er lächelte scheu zurück. Als sie schließlich ihre Stimme wieder fand, bat sie ihn um ein Glas Rotwein und er machte sich eilig auf den Weg, um ihr diesen Wunsch zu erfüllen.

Nachdem er gegangen war, wies Sabine sich zurecht. Als verheiratete Vermögensberaterin und Mutter zweier Kinder würde sie sich nicht von einem jungen Mann betören lassen, der gerade Anfang zwanzig war. Sie wollte auf keinen Fall in die Fußstapfen ihrer männlichen Kollegen treten, die sich gern zwischendurch eine Affäre mit jungen Frauen gönnten. Diese Kollegen waren für sie immer nur „geile Ferkel" gewesen. Aber tief in ihrem Inneren spürte sie, dass sie genau auf diese Situation gewartet hatte.

Sabine kannte ihren Mann jetzt seit der Schulzeit und seitdem dominierten seine Probleme ihr gemeinsames Leben. Sie trug ihn durch den Alltag und fühlte sich langsam unter seiner Last untergehen.

Ralf kehrte mit einem Glas Rotwein zurück und als er ihr von den Schwierigkeiten bei seiner Semesterarbeit in Betriebswirtschaft erzählte, spürte Sabine ein sanftes Kribbeln zwischen den Beinen. Und noch ehe sie wieder klar denken konnte, hatte sie Ralf schon ihre Hilfe angeboten, und sie hatten die Telefonnummern getauscht. Eigentlich hatte Sabine das gar nicht gewollt, aber er hatte etwas an sich, das sie völlig durcheinander brachte.

Während der folgenden zwei Wochen ertappte sie sich immer wieder, wie sie sich mit schlechtem Gewissen nach seinen Fortschritten erkundigte. Mittlerweile erschien ihr die Aussicht auf eine Affäre mit ihm wie ein Wink des Himmels.

In den Nächten überkamen sie jetzt wilde Träume. Sie sah Ralf lasziv auf einem Bett liegen, wie er nur mit einem Handtuch bekleidet auf sie wartete. Während er sie entkleidete, flüsterte er ihr Liebkosungen ins Ohr. Schon das Timbre seiner Stimme stimulierte all ihre Sinne und als er anfing, sie zu streicheln, wurde sie fast ohnmächtig. Dann drang er mit seinem riesigen Penis in sie ein und bescherte ihr einen überwältigenden Orgasmus. Danach wachte sie jedes Mal mit wild klopfendem Herzen auf.

Wenn sie miteinander telefonierten und seine Stimme ihr Schauer über den Rücken jagte, dann hätte sie alles dafür gegeben, auch seine Hände auf ihrem Körper zu spüren. Aber es war eine Sache, sich eine Beziehung zu einem viel jüngeren Mann vorzustellen, und eine andere, ihn tatsächlich dazu zu bringen, den hingehaltenen Köder zu schlucken.

Vor zwei Tagen hatte Sabine vorsichtig begonnen, ihre Freundin über Ralf auszuhorchen. Da sie nun wusste, dass er ein ganz passabler Tennisspieler war, lud sie ihn bei ihrem nächsten Telefonat zu einem Match ein. Mit dieser Taktik wollte sie es einige Zeit versuchen, um zu sehen, ob er ihr überhaupt Avancen machte.

Während der nächsten vier Wochen spielten sie regelmäßig zusammen Tennis, und nach jeder Stunde redeten sie ausgiebig über seine Semesterarbeit. Aber sie flirteten auch miteinander. Wenn Ralf sie von oben bis unten taxierte war sie sicher, dass ihr Interesse gegenseitig war. Und dann ging für sie alles in Erfüllung, wovon sie immer geträumt hatte: beiderseitige Liebe auf den ersten Blick und eine Leidenschaft, die nur einen Funken brauchte, um geweckt zu werden. Aber jedes Mal, wenn Sabine ihm vorschlug, einander doch besser kennen zu lernen, wurde er rot wie ein pubertierender Junge und wechselte das Thema.

Es war schon kurz vor Ende des Semesters, als Ralf sie für den nächsten Vormittag zu einem gemeinsamen Frühstück in seiner Studentenbude einlud. Er wollte Sabine damit für ihre Hilfe bei seiner Arbeit danken. Diese Gelegenheit, auf die sie nicht mehr zu hoffen gewagt hatte, fiel ihr ganz plötzlich und ohne ihr Zutun in den Schoß – für sie ein Wink des Himmels.

Sorgfältig zog Sabine sich am nächsten Morgen an. Sie entschied sich für einen Body aus feiner Spitze, weil er ihren Busen vorteilhaft anhob und ihn größer erscheinen ließ. Außerdem machte er sie schön schlank. An den Beinen war der Body hoch ausgeschnitten und im Schritt hatte er einen kleinen Druckverschluss aus Spitze, den man problemlos öffnen konnte. Darüber streifte Sabine ihre Jeans und ihren Alltagspulli, so dass sie für ihre Familie so aussah wie immer, als sie die Küche betrat. Sie trieb ihre Kinder zur Eile an, denn die Jungen sollten heute pünktlich um acht Uhr im Kindergarten sein. Diesen Vormittag wollte sie ganz für sich auskosten.

Vor der Kindergartentür entließ sie die beiden Kinder mit schlechtem Gewissen aus ihrer Obhut. Was war, wenn man sie zu Hause zu erreichen versuchte, weil eines der Kinder sich verletzt hatte? Angstvoll verdrängte Sabine den Gedanken.

Auf ihrem Weg zum Auto stieß sie mit Frau Zahn zusammen, die in ihrer Fuchsjacke und mit ihren frisch ondulierten Haaren die Wohlanständigkeit dieser Welt ausstrahlte. Ganz im Gegensatz zu Sabine, die wahrscheinlich schon nach Sex roch. Sie entschuldigte sich kurz und floh in ihr Auto.

Ihre Gebete nach einer Autobahn ohne Stau wurden erhört und so klingelte sie pünktlich und mit klopfendem Herzen an Ralfs Tür. Er wohnte in einer hellen Dachgeschosswohnung mit großen Fenstern. Im einfallenden Licht tanzte der Staub.

Sabine ging am gedeckten Frühstückstisch vorbei zu einem der Fenster, um die Aussicht über die

Stadt zu bewundern, als Ralf sich ihr von hinten näherte. Er drückte seine Körpermitte gegen ihren Po, und sie nahm seinen Geruch nach einem moschusartigen After Shave wahr. Sabine drehte sich um, presste sich gegen ihn und drückte ihre Brüste fest an seinen Oberkörper. Mit fliegenden Händen schälten sie sich aus ihren Kleidern, bis sie vollkommen nackt waren. Zärtlich nahm Ralf Sabine auf die Arme und trug sie zu einer großen, auf dem Boden liegenden Matratze. Als er sie darauf bettete, spürte Sabine die kratzige Tagesdecke in ihrem Rücken.

Ralf betrachtete sie nun mit unverhohlener Gier. Er beugte sich zu ihr herab und küsste sie hart. Dann ging er dazu über, sie in ihre Brüste, den Hals und die Schultern zu beißen. Seine Bisse waren grob, viel zu grob. Ohne jedes weitere Vorspiel drang er mit seinem Finger in sie ein. Seine raue Hand rieb unsanft die empfindlichste Stelle ihres Körpers und dann stieß er sein Glied ohne jede Rücksicht brutal in sie hinein. Ralf vögelte sie wie von Sinnen und grunzte dabei zufrieden vor sich hin, bis er schließlich in einer Woge der Lust explodierte.

Außer einer kurzen Begrüßung hatte er noch kein einziges Wort mit ihr gesprochen.

Dieser Akt hatte sich so schnell und leidenschaftslos vollzogen, dass Sabine sich wie betäubt fühlte. Sie hörte Ralf tief Luft holen und hoffte inständig, dass er ihr wenigstens die Frage „War es auch schön für dich?" ersparen würde.

Jetzt wunderte sich Sabine nur noch, wie ausgerechnet sie, eine gestandene Frau von Ende dreißig, auf dieser kratzenden Matratze hatte landen können, ungeduldig darauf wartend, dass diese Attacke bald vorüber sein würde. In ihr tobte ein Aufruhr der Gefühle: Verlegenheit, Wut, Schock und Empörung.

Sie schüttelte Ralf wie eine lästige Fliege von sich ab und griff nach ihrem Body. Aber seine Hand hielt sie zurück. Und mit seiner sanften, tiefen Stimme begann er zu erzählen, wie er sich vor zwei Wochen unglücklich in seine neue Nachbarin verliebt hatte, die aber bereits vergeben war. Er bat Sabine flehentlich, ihm doch auch bei diesem Problem mit Rat und Tat zur Seite zu stehen.

Sie musste hier raus, bevor sie sich noch auf diesem Bett übergeben würde. Ohne ein weiteres Wort zog sie eilig ihre Sachen an, sagte „Tschüss", und warf die Tür geräuschvoll hinter sich ins Schloss.

Auf ihrem Weg zum Kindergarten, zurück in die wohlgeordnete Welt der Frau Zahns dieser Erde fragte sich Sabine, ob sie wohl noch einmal den Mut aufbringen würde, einem Wink den Himmels zu folgen.

BAYTA UND ILAN

Der kalte Wintermonat Dezember neigte sich dem Ende zu. Frierend stiegen die hochschwangere Bayta und ihr Mann Ilan an diesem Abend aus dem Flugzeug von Beirut.

„Ich glaube es geht los", sagte Bayta leise, nachdem sie die deutsche Zollkontrolle passiert hatten.

„Es ist noch zu früh", antwortete Ilan ruhig. Aber ein Blick in Baytas schmerzverzerrtes Gesicht belehrte ihn eines Besseren – die Wehen hatten eingesetzt. So schnell es Bayta eben möglich war liefen die beiden zum nahe gelegenen Taxistand. Im ersten Taxi saß ein Fahrer, der gelangweilt in seiner Zeitung blätterte. Als Ilan an sein Fenster klopfte faltete er die Zeitung langsam zusammen, kurbelte das Fenster herunter und taxierte schlecht gelaunt das junge Ehepaar.

„Wir müssen ins nächste Krankenhaus", bat Ilan in gebrochenem Deutsch. Der Taxifahrer schaute mit hochgezogenen Augenbrauen auf Bayta.

„Hochschwangere transportiere ich grundsätzlich nicht! Wenn die Fruchtblase unterwegs platzt – wissen sie, was für eine Sauerei das ist? Und wer bezahlt mir dann die Reinigung? Sie vielleicht? Probieren sie es woanders. Vielleicht sind meine Kollegen ja risikofreudiger als ich!" Mit diesen Worten kurbelte er sein Fenster Swieder hoch und zündete sich eine Zigarette an.

Noch dreimal erhielten sie eine ähnliche Abfuhr, bevor ein traurig blickender Fahrer sie ins nächste Krankenhaus brachte. Die Wehen kamen nun in immer kürzeren Abständen.

„Meine Frau braucht Hilfe", sagte Ilan zum Pförtner der Klinik.

„Ich rufe sofort in der Entbindungsstation an." Mit einem mitleidigen Blick auf Bayta telefonierte der Pförtner eine Schwester herbei, die nur wenig später erschien.

„Kommen sie mit!", befahl die barsch Aber sie führte das Ehepaar nicht etwa in den Kreißsaal, sondern in ein nahe gelegenes Büro. Dort ließ sie sich hinter einem Schreibtisch am PC nieder.

„Name und Versicherungskarte." Bayta zuckte zusammen und krümmte sich vor Schmerzen.

„Hören sie, meine Frau braucht dringend Hilfe. Sie quält sich so."

„Aber ohne Versicherungskarte läuft hier gar nichts! Oder sind sie etwa Barzahler?" Gier blitzte in den Augen der Schwester.

„Weder das eine noch das Andere. Wir sind hier, damit unser Kind in Freiheit zur Welt kommen kann."

Die Schwester erhob sich. „Alles schön und gut – aber Freiheit bedeutet bei uns entweder Versicherungskarte oder Barzahlung. Schließlich sind wir hier kein Schlaraffenland für den Rest der Welt! Hat man Ihnen das nicht gesagt?" Sie drehte sich um und verließ ohne ein weiteres Wort das Büro.

Bayta liefen die Tränen über das Gesicht – vor Schmerzen und vor Enttäuschung. Die viel gelobte Freiheit in Europa war also nur ein Gefängnis, in dem das Geld regierte und die Herzen der Menschen versteinerte.

Leise öffnete sich die Tür und der Pförtner winkte sie zu sich. Wortlos brachte er Bayta und Ilan in die Klinikgarage, wo bereits eine Hebamme auf sie wartete.

„Das ist Kaspar und ich bin Mechthild", stellte die den Pförtner und sich vor. Dann legte sie Bayta auf den ausgebauten Rücksitz eines Autos. „Den hat übrigens Balthasar aus seinem Taxi gestiftet." Mechthild deutete auf den traurig blickenden Taxifahrer, der am anderen Ende der Garage gerade eine Radkappe säuberte.

Die Hebamme untersuchte Bayta. „Es wird nicht mehr lange dauern", sagte sie und nahm ein Badetuch. Und nur wenig später wickelte sie einen gesunden Jungen darin ein. Den legte sie in die gesäuberte Radkappe, die liebevoll mit Handtüchern ausgepolstert war.

In diesem Moment durchflutete ein gleißendes Licht den Raum und ein tiefer Frieden senkte sich in die Herzen der Anwesenden. Kaspar, der Pförtner, vergaß seinen Kummer über die drohende Arbeitslosigkeit und schöpfte neuen Mut. Mechthild erkannte ihre eigene Stärke und würde sich in Zukunft nicht mehr herumschubsen lassen. Und Balthasar konnte endlich seine tote Frau gehen lassen.

Aber außerhalb der Garage herrschte kein Frieden, sondern Chaos. Die Notfallsirene ertönte und Rettungsfahrzeuge eilten zur Klinik. Angst hatte sich unter den Menschen draußen breit gemacht, die in dem hellen Licht keinen Frieden gefunden hatten, sondern einen radioaktiven Unfall in der nuklearmedizinischen Abteilung des Krankenhauses vermuteten.

Am Ende eines Tages

Es gibt Tage, die hätten besser gar nicht erst angefangen oder wenigstens nur ein paar Minuten gedauert. Aber so ein Tag war das nicht; dieser hier war viel schlimmer.

Maja stieg aus der Badewanne, trocknete sich sorgfältig ab und ging dann nackt ins Schlafzimmer, wo sie sich mit einem prüfenden Blick vor den großen Spiegel stellte. Obwohl sie leichtes Übergewicht hatte, saß das Meiste doch noch dort, wo es hingehörte, auch wenn ihr voller Busen schon ein wenig der Schwerkraft nachgegeben hatte. Dafür waren ihre Beine immer noch sensationell und Begriffe wie „Zellulitis" oder „Reiterhosen" kannte sie bloß aus Frauenzeitschriften – die sie selbstverständlich nur beim Friseur oder Zahnarzt las.

Welche normale Frau sieht mit einundvierzig Jahren und nach einer Geburt schon aus wie Heidi Klum, beruhigte sich Maja.

Sie drehte sich jetzt langsam ins Profil und zog ihren Bauch ein. Zugegeben, etwas weniger Bauch durfte es gern sein. Aber Maja hatte genug Reklame für diverse Diätprodukte gesehen, in denen als Lohn für deren Verzehr nur das Aussehen eines Hungerhakens mit der erotischen Ausstrahlung eines „Vileda Wischmops" winkte. Da blieb sie doch lieber so, wie sie war – kurvenreich. Sehr zum Leidwesen ihres Mannes Dieter, der gerade in ein Handtuch gewickelt aus dem Bad kam und sie um die Taille fasste.

Er kniff sie leicht in die kleine Speckrolle oberhalb ihrer runden Hüfte und sagte: „Liebste, denkst du nicht, das sollte in Zukunft weniger werden?" Dabei verzog er seinen Mund auf die gefürchtete Dieter Art: Er presste die Lippen so stark aufeinander, dass das Kinn ganz spitz wurde und sich die Anspannung des Mundes bis zur Stirn fortsetzte.

Wenn Dieter so guckte, dann war er in höchstem Maße unzufrieden. Dieser Gesichtsausdruck zog in der Regel ellenlange Vorträge nach sich, die alle nur ein Ziel hatten, nämlich einen Zustand, der ihm missfiel, zu seinen Gunsten zu verändern. Dies gelang ihm auch meistens, denn er konnte als Rechtsanwalt seine Mitmenschen derartig schwindelig reden, dass es oft einfacher war, ihm nachzugeben, als weiter zuhören zu müssen.

Genervt schüttelte Maja nun seinen Arm von sich ab. „Du weißt doch, dass auf meinem Grabstein einmal stehen soll: Sie hat nie eine Diät gemacht!"

„Findest du solche Sprüche in deinem Alter und bei deiner Gewichtsklasse nicht ein wenig kindisch?

Selbst ich muss hin und wieder auf die Essbremse treten und das, obwohl ich drei Mal in der Woche zum Langlauf gehe!"

„Eine Diät ist bei einer Körpergröße von einem Meter fünfundneunzig und einem Gewicht von achtzig Kilo auch zwingend nötig", entgegnete Maja ironisch, schüttelte unwillig ihre blonden Locken und ließ sich aufs Bett fallen, um von dort aus Dieter beim Anziehen zu beobachten.

Mit seinen breiten Schultern, dem flachen Bauch und der schlanken Taille war er trotz seiner neunundvierzig Jahre immer noch ein Frauentyp, auch wenn die Falten und Tränensäcke in seinem Gesicht sein wahres Alter nicht verschleierten. Maja wurde oft von Mandantinnen und weiblichen Bekannten um ihn beneidet. Sie selbst träumte von einem Mann, der einen Bauch hatte wie ein Kopfkissen. Dieters braune Haare waren mittlerweile von grauen Strähnen durchzogen, aber auch das tat seiner Attraktivität vor allem bei jungen Frauen keinen Abbruch. Geld macht eben doch erotisch. Majas Blick glitt weiter nach unten auf Dieters rasierte Beine, die sie immer „tuntig" fand, die aber nach seiner Aussage heute zu jedem gepflegten Mann dazugehörten, ebenso wie die rasierten Achseln.

„Möchtest du dich nicht auch langsam einmal anziehen", fragte er nun mit seiner schnarrenden Stimme, während er die passende Krawatte zu seinem dunkelblauen Nadelstreifenanzug aussuchte. „Wir kommen sonst zu spät zum Essen."

Maja griff nach ihrem Body und überlegte, während sie ihn nachdenklich anzog, was sie heute tragen sollte. Sie hasste die zwei Male im Jahr, an denen sie und die anderen Frauen der Rechtsanwälte zum Essen ausgeführt wurden. Diese Einladung war als Dank an die Damen für die Unterstützung ihrer Männer gedacht. Da sollte man davon ausgehen können, dass sich die viel beschäftigten Herren auch einen Abend lang ihren Frauen widmen würden. Aber weit gefehlt! Bis jetzt waren solche Abende immer so verlaufen, dass sich die Anwälte gegenseitig selbst beweihräucherten, und dass sie die kostbare Zeit dafür nutzten, ihre Problemfälle zu diskutieren. Man sah sich ja sonst nicht.

„Frau Gattinnen Mampfe" nannte Anja dieses Abendspektakel despektierlich – sehr zum Ärger von Dieter, der ihr immer wieder vorrechnete, wie viel Geld die Kanzlei an diesem einen Abend in die Frauen pumpte.

Maja entschied sich heute für eine violette Kombination, die aus einem wadenlangen Rock mit Gummizug und einem dazu passenden, hüftlangen Oberteil bestand – zugegebenermaßen etwas hausbacken, dafür aber bequem. Aber für sie, die sie Stretchjeans und Pullover über alles liebte, hatte Bequemlichkeit immer oberste Priorität.

Dieter hingegen würde sich nach eigenem Bekunden erst dann durch seine Frau angemessen repräsentiert fühlen, wenn die ihn in einem Cocktailkleid begleitete – ein ewiger Streitpunkt.

„Du siehst aus wie ein lila Elefant", kommentierte er jetzt Majas Kleiderwahl zornig und in seinen Augen blitzte es gefährlich. „Hast du denn gar nichts, das etwas mehr hermacht? So nehme ich dich jedenfalls nicht mit!"

„Das hatten wir doch alles schon." Maja verdrehte gelangweilt die Augen. „Ich werde mich nie in ein Cocktailkleid werfen und du wirst mich trotzdem mitnehmen. Also plustere dich nicht so auf, lass uns einfach gehen und diesen Ätzabend hinter uns bringen."

Auf dem Weg nach draußen schauten sie noch im Zimmer ihres siebzehnjährigen Sohnes vorbei, um sich von ihm zu verabschieden. Dann machten sie sich schweigend und in schlechter Stimmung auf den Weg zum „Restaurant Mühlengrund", wo sie einmal mehr das glückliche Ehepaar geben würden.

„Frau Bürger, sie sehen heute Abend aber gnadenlos gut aus!", begrüßte Dr. Walser Maja und schüttelte ihr kräftig die Hand. „Dieter, du bist wirklich zu beneiden."

„Das wüsste ich aber", flüsterte Dieter so leise, dass nur Maja es hören konnte. Trotzdem wurde sie rot.

„Wegen so einem kleinen Kompliment müssen sie doch nicht gleich rot werden, liebe gnädige Frau. Es ist nur ...", stotterte Dr. Walser nun verlegen „... wenn wir uns sonst bei der Arbeit begegnen, dann sind sie immer ... wie soll ich sagen ... mit den Jeans ... für meinen Geschmack zu salopp gekleidet."

„Siehst du, das sage ich dir schon lange", giftete Dieter in Majas Rücken.

Die Röte in Majas Gesicht vertiefte sich. Nie hätte sie vermutet, dass auch andere Leute außer Dieter ihre Kleidung unpassend finden könnten.

Einer der vier Seniorpartner der Kanzlei beendete die für Maja so peinliche Situation, indem er die ganze Gesellschaft zu Tisch bat. Sie wurden vom Oberkellner in einen Saal geführt, in dem acht Tische für jeweils sechs Personen eingedeckt waren. Nun begann eine hektische Suche nach dem eigenen Namensschild, als gäbe es für den ersten, der sitzt, einen Sonderpreis.

Maja und Dieter fanden sich an einem Tisch wieder, den sie mit Herrn Wolf - Fachanwalt für Familienrecht - nebst Lebensgefährtin und Herrn Zweig – Seniorpartner und Anwalt für Wirtschaftsrecht – nebst Gattin teilen durften. Es hätte Maja auch schlimmer treffen können. Sie kam mit Herrn Wolf gut aus, weil der genau wie sie immer einen lockeren Spruch auf den Lippen hatte. Und Herr Zweig war ebenso wie Maja ein passionierter Biertrinker, so dass sie keine Angst vor dem gnadenlosen „Dieter Blick" haben musste, wenn sie zum Essen Bier statt Wein bestellte.

Der Saal war festlich mit Blumen geschmückt und die Tische waren geschmackvoll gedeckt. Das Geschirr bestand aus feinstem Porzellan der Firma „Nelkenthal" und in den Kristallgläsern von „Zwiesel" spiegelten sich die Deckenlüster. Die frisch gestärkten weißen Stoffservietten standen wie die Zinnsoldaten auf den noch sauberen Tellern und Maja hoffte, dass am Ende des Menüs die ihre nicht die Schmutzigste sein würde, weil sie wieder einmal gekleckert hatte.

Als der Kellner kam, um die Getränkebestellung aufzunehmen, bestellte sich Maja im Windschatten von Herrn Zweig ein kühles Bier, und sie erntete dafür von Dieter ein kaum merkliches Naserümpfen. Der nahm passend zur Vorspeise – Salat mit Garnelen und Toastplätzchen – einen trockenen Weißwein, ebenso wie der verbliebene Rest der Tischgenossen.

Nachdem alle Gäste mit Getränken versorgt waren, erhob sich Herr Lindemann, ein weiterer Seniorpartner, um seine stets wiederkehrende, halbjährliche Rede auf die „kleinen, tapferen Anwaltsgattinnen" zu halten. Wieder einmal wurden sie überschwänglich dafür gelobt, dass die Alltagsprobleme ausschließlich auf ihren Schultern lasten durften und dass die Männer ungestört an ihren Karrieren zum Wohle der Kanzlei arbeiten konnten. Schließlich wollten die Seniorpartner und Kanzleigründer im Alter auch noch gut versorgt sein.

Maja unterdrückte nur mühsam ein Gähnen. Wie gern hätte sie sich jetzt ihrem kühlen Bier gewidmet, bevor die Schaumkrone zusammenfallen und der Rest schal werden konnte. Sie beobachtete, wie die Kohlensäure prickelnd von unten nach oben in Richtung der Schaumkrone stieg und wie das kühle Glas langsam beschlug, weil es immer wärmer wurde. Aber Herr Lindemann kam gerade erst richtig in Fahrt; das konnte länger dauern.

Manche Männer sind wie Gockel, dachte Maja und grinste. Sie glauben, die Sonne sei nur aufgegangen, um sie krähen zu hören – ein weit verbreiteter Irrtum, vor allem bei Juristen.

Sie blickte verstohlen hinüber zu Frau Zweig, die solche Abende schon seit Jahrzehnten über sich ergehen lassen musste. Aber in ihrem Gesicht sah Maja nicht die erwartete Langeweile, sondern Frau Zweigs Gesicht glühte förmlich vor Freude über das ausgeschüttete Lob. Vorsichtig schaute Maja sich weiter um, ob sie vielleicht in den anderen Frauengesichtern die gleiche gelangweilte Frustration entdecken konnte, die sie selbst empfand – aber vergeblich.

Ihre Gedanken schweiften ab. Vielleicht hatte Dieter ja Recht und es war für alle anderen außer für sie ganz selbstverständlich, auch noch den Rest des Lebens dem gut verdienenden Ehemann unterzuordnen. Aber mit zunehmendem Alter fiel Maja solch ein Zugeständnis immer schwerer.

„… und wollen wir nun unser Glas erheben auf unsere Frauen!", beendete Herr Lindemann gerade seine Rede.

Maja schreckte aus ihren Gedanken auf, und als sie hastig nach dem Bierglas greifen wollte, traf sie es mit ihrem Handrücken. Mit bleierner Langsamkeit fiel das Glas um, stieß dabei gegen zwei weitere Gläser, die aber leer waren, und dann ergossen sich 0,4l Bier in einer riesigen Lache über den ganzen Tisch. Frau Zweig konnte sich gerade noch rechtzeitig in Sicherheit bringen, bevor die Flüssigkeit auf ihrem Rock landen konnte. In wilder Panik griff Maja nach ihrer Serviette und warf sie quer über die Bierlache.

Mittlerweile war es totenstill im Saal geworden. Frau Zweig stand noch mit weit aufgerissenen Augen hinter ihrem Stuhl, als Dieters zornige Stimme sagte:

„Aber Maja …!" Ein Ausdruck allerhöchsten Missfallens.

Herr Wolf rettete die Situation, indem er gackernd anfing zu lachen und meinte: „Liebe gnädige Frau, auch ein umgeschüttetes Bier ist Alkoholmissbrauch!" Zugegebenermaßen war dies nicht sein bester Spruch, aber er reichte aus, um die verstummten Gespräche wieder in Gang zu bringen.

Drei Kellner kamen jetzt eilfertig aus den verschiedenen Ecken des Raumes herbeigeeilt und baten die

Sechs an die Bar, solange der Tisch neu eingedeckt wurde. Mit hochrotem Kopf musste Maja unter den Blicken der restlichen zweiundvierzig Gäste den Raum durchqueren, und sie spürte die Häme einiger Frauen. Worte wie „Der arme Dieter" brannten sich tief in ihr Trommelfell ein. Vom „armen Dieter" würde sie heute noch Einiges zu hören kriegen.

Nach zehn Schweigeminuten an der Bar hatten die Kellner den angerichteten Schaden beseitigt und sie konnten an ihren Tisch zurückkehren. Als Maja den Saal betrat, applaudierten einige Leute lautstark. In diesem Moment schwor sie sich, nie wieder an einer solchen Veranstaltung teilzunehmen – Frau Gattin hin oder her.

Die Vorspeise wurde an Majas Tisch noch schweigend eingenommen, aber gegen Ende des Hauptgerichts – Seezunge in Champagnersauce oder wahlweise gefüllter Lammrücken in Kräutersauce – kam das Gespräch langsam wieder in Fahrt.

„Dieter, die wirtschaftliche Vereinbarung, die du im Scheidungsfall von Friseurmeisterin Picke-Leither getroffen hast, war wirklich genial", eröffnete Herr Wolf das Gespräch. „Nun ist die eigentliche Scheidung bloß noch Formsache und ich werde sie so schnell wie möglich über die Bühne bringen. Kompliment, Herr Kollege!" Er legte sein Besteck zur Seite und nahm sich einen Zahnstocher. Dann begann er, sich mit „unauffällig" vor den Mund gehaltener Hand ausgiebig in den Zähnen zu pulen.

Jetzt bin ich aber mal gespannt, wo er später den Zahnstocher deponieren wird, dachte Maja, bei der der Humor langsam wieder die Oberhand gewann. Sie war eben eine Frau, die sich nie lange unterkriegen ließ.

Herr Wolf schien das Problem mit der unauffälligen Entsorgung mittlerweile auch erkannt zu haben. Denn das, was sein Zahnstocher zu bieten hatte, war nicht gerade appetitlich anzusehen. Verstohlen blickte er sich nach einem Plätzchen um, wo er seinen gut bestückten Zahnstocher ungesehen loswerden konnte. Aber ihm blieb nur der leere Teller. Wenn man eine Papierserviette zur Hand hatte, dann konnte man Zahnstocher problemlos unter ihr begraben, aber bei einer Stoffserviette blieb einem dieser Ausweg versperrt.

Langsam näherten sich die Kellner, um die Teller vor dem nächsten Gang abzuräumen. Kurz entschlossen nahm Herr Wolf seinen Zahnstocher aus dem Mund, schob ihn für alle sichtbar unter die Messerklinge, die die große, aufgespießte Fleischfaser allerdings nicht komplett verdecken konnte, und sagte dann augenzwinkernd:

„Einer von sechs Leuten hat eben Probleme mit Teilmengen."

Frau Zweig grinste verlegen, Maja grinste breit und Dieter schaute ostentativ zum Nebentisch, als gäbe es dort einen noch unveröffentlichten Gesetzestext zu erwerben. Erst nachdem der Kellner das Objekt seines Ekels vom Tisch entfernt hatte und der Zwischengang – ein Zitronensorbet – gereicht wurde, wandte er sich seinem Kollegen zu.

„Frau Picke-Leither hat selbst nicht mit so einem Erfolg gerechnet", nahm er mit selbstzufriedener Miene das Gespräch wieder auf und griff nach seinem Löffel. „Nun kann sie das Geld in ihre berufliche Zukunft investieren. Aber im Moment weiß sie noch nicht, was sie überhaupt machen soll." Jetzt versenkte Dieter seinen Löffel genüsslich im Zitronensorbet und führte ihn dann zum Mund.

„Mit dem Namen ‚Pickeleither' sollte sie ein Kosmetikstudio eröffnen. Da werden ihr die Kundinnen bestimmt die Bude einrennen", schlug Maja gut gelaunt vor.

Herr Wolf lachte brüllend, der Seniorchef lachte gemäßigt, nur Dieter wurde totenblass und ließ seinen Löffel fallen. Der landete auf der frisch gereinigten dunkelblauen Nadelstreifenhose, auf der das Zitronensorbet einen hässlichen gelben Fleck hinterließ. Dieter blitzte Maja wütend an, als er sich erhob, um die gröbsten Spuren auf seinem Anzug zu beseitigen.

Den Rest des Abends verbrachte er schweigend und Maja konnte sich keinen Reim darauf machen. Wenn sie sonst Sprüche machte, die Dieter unpassend fand, dann ignorierte er sie einfach und wandte sich den Kollegen zu. Aber mit niemandem mehr zu reden war einfach nicht seine Art.

„Du betrügst mich also mit Frau Petra ‚Pickeleither'", keifte Maja zu Hause, als würde es die ganze Sache besser machen, wenn die Frau stattdessen „Schmitz oder „Meier" geheißen hätte. „Und dann noch eine Friseurmeisterin! Wahrscheinlich ist sie auch noch zwanzig Jahre jünger als du, hat frisch getunte Titten und verbringt den ganzen Tag auf dem Stepper! Wie viele goldene Fußkettchen hast du ihr denn schon gekauft? Du Scheißkerl, dein viel beschworener akademischer Anspruch ist wohl inzwischen in deiner Hose gelandet!" Maja fiel nach diesem Ausbruch erschöpft aufs Sofa. Dieter zog es vor, zu all dem zu schweigen. Er wusste aus langjähriger Erfahrung, dass man mit Maja kein vernünftiges Wort reden konnte, wenn sie derart in Fahrt gekommen war.

„Sag endlich was!"

„Lass uns ins Bett gehen und morgen weiter reden. Ich bin müde."

„Du schläfst aber im Gästezimmer!"

„Wie du meinst." Dieter stand auf und verließ das Zimmer. Kurze Zeit später hörte Maja ihn erst im Badezimmer rumoren und dann im Schlafzimmer, bis sich schließlich die Tür zum Gästezimmer mit einem definitiven „Klack" schloss.

Es war zwölf Uhr, als Majas altes Leben unwiderruflich zu Ende ging. Noch wusste sie nicht, ob sie darüber lachen – oder weinen sollte.

NEUJAHRSNACHT

Es war eine kalte, stürmische Neujahrsnacht. Am Morgen würden die Nachrichten der Bevölkerung wieder von Unfällen, Verletzungen und erfrorenen Obdachlosen berichten. Die Zahlen waren immer andere, die Geschehnisse blieben traditionsgemäß dieselben.

Aber eingefahrene Traditionen sollte es in Helgas neuem Leben nicht mehr geben. Sie schloss die Augen, und zwischen ihren Brüsten bildeten sich kleine Schweißperlen, als sie die vergangenen vierzig Jahre ihres alten Lebens Revue passieren ließ.

Jahrzehntelang hatte sie versucht, es ihren Eltern Recht zu machen, ihrem Mann und ihren Kindern eine heile Familie zu bereiten, ihre Schwiegermutter zu verwöhnen und auch noch der restlichen Welt zu gefallen. Helga hatte angestrengt alle Konfrontationen vermieden und sich von Menschen, die über mehr Selbstwertgefühl verfügten als sie, zu Sachen drängen lassen, die sie eigentlich gar nicht mochte.

Fast bis zur Selbstaufgabe hatte sie um die Liebe und Anerkennung ihrer Familie und dem Rest der

Welt gekämpft, ohne dafür auch nur ansatzweise das zu erhalten, was sie sich vorgestellt hatte. Warum auch?

In dem nun scheidenden Jahr hatte Helga schließlich doch noch einen Kampf gewonnen – den Kampf um ihr Leben. Es war eine lange, zähe Schlacht gewesen, aber jetzt war sie zum ersten Mal in ihrem eigenen Leben angekommen. Und sie entdeckte ein Lebenselixier, das sie sich bis dahin vorenthalten hatte – die Eigenliebe. Aus ihr würde sie in Zukunft Kraft und Gesundheit schöpfen.

In dieser stürmischen Neujahrsnacht fasste Helga einen Entschluss: Alle Menschen sollten weiter in ihrem neuen Leben willkommen sein, und sie würde sich über die Dinge freuen, die sie ohne Gegenleistung erhielte. Aber sie würde nie wieder um Liebe und Anerkennung kämpfen, oder sich dafür verbiegen.

WENN WÜNSCHE IN ERFÜLLUNG GEHEN

Eva erwachte mit einem riesigen Kater. Hätte sie doch bloß gestern Abend nicht Jürgens besten Rotwein für besondere Anlässe geköpft! Schließlich wusste sie, dass sie Rotwein nicht vertragen konnte.

Was soll's, dachte Eva jetzt und in ihrem Kopf drehte es sich. Schließlich wurde man nicht jeden Tag so mir nichts, dir nichts verlassen. Und das nach fünfzehn Ehejahren – wenn das kein besonderer Anlass war! Außerdem würde Jürgen sich bestimmt mächtig über das Fehlen der Flasche ärgern und das war jedes Opfer wert gewesen.

In ihren Ohren hallten noch immer seine Abschiedsworte: „Ich habe vor Kurzem eine andere Frau kennen gelernt. Das hat überhaupt nichts mit dir zu tun – ich habe mich einfach verliebt."

Und noch ehe Eva das Gesagte richtig begreifen konnte, hatte Jürgen sich wortlos umgedreht, seine Sachen gepackt und war verschwunden.

Eva stand nun schweren Herzens auf und schlurfte ins Bad, um den schlechten Geschmack in ihrem Mund los zu werden. Eine Dusche tat auch dringend Not, denn sie sah nicht nur aus wie eine Alkoholleiche, sie roch auch so.

Der Blick in den Spiegel ließ sie erschrocken zusammenzucken. Dick verquollene Augen, umrandet von einem Gemisch aus schwarzem Eyeliner und Wimperntusche, schauten ihr trübe entgegen.

Eva war entsetzt. Noch nie in ihrem ganzen Leben hatte sie abends vergessen, sich abzuschminken, egal, wie Dicke es gekommen war. Sie zog ihr Nachthemd aus und fühlte sich hässlich und aufgedunsen.

Das also hatte das Leben mit Jürgen aus ihr gemacht – eine fette, verkaterte, schlampige Kuh. Ihr kam ein altes Lied aus dem vergangenen Jahrhundert in den Sinn: „... einst war ich ein Traum aus Samt und Seide, heut' hängt mein Bauch wie 'ne Trauerweide ..." Das Lied war genau so alt, wie sie sich fühlte.

Jürgen – der Rächer Gottes an den Frauen. Aber das würde seine Neue schon noch früh genug erfahren, wenn Jürgen sie erst einmal vereinnahmt, ausgelutscht und wieder ausgespuckt hatte. Und dann sollte die bloß nicht zu Eva kommen, um sich bei ihr auszuheulen.

Eva stieg jetzt unter die Dusche und ließ eiskaltes Wasser über ihren Körper laufen. Das brachte das Karussell in ihrem Kopf zum Halten und den ersten klaren Gedanken des Tages – Katja anrufen.

Sie war schon seit Kindertagen ihre beste Freundin und die beiden hatten so manche Krise gemeinsam bewältigt.

Eva wechselte das Wasser von „kalt" nach „warm", um sich auch den Alkoholgestank aus den Haaren zu waschen. Danach fühlte sie sich wie neu geboren, drehte das Wasser aus, hüllte sich in ein flauschiges Badetuch und huschte ins Schlafzimmer. Dort stieg sie in ihre Lieblingsjeans, streifte ihren Lieblingspulli über und ging anschließend in die Küche, um sich erst einmal ordentlich zu stärken.

Nach dem Frühstück griff Eva zum Telefon, drückte im Kurzwahlspeicher die „Eins" und hoffte, dass Katja noch nicht zur Arbeit gegangen war.

„Gern", meldete sich die vertraute Stimme nach dem dritten Klingeln. In diesem Moment öffneten sich bei Eva alle Schleusen und sie ließ ihren Tränen freien Lauf.

„Ich bin's", schluchzte sie ins Telefon und zog gleichzeitig ihre Nase hoch.

„Wer ist ‚ich'?"

Eva atmete tief durch, schluckte und sagte dann in halbwegs normaler Tonlage: „Hier ist deine beste Freundin Eva."

„Ist etwas passiert? Du klingst ja schrecklich!"

„Kannst du sofort zu mir kommen?", fragte Eva

mit piepsiger Stimme, die so gar nicht zu ihr passte.

„Natürlich! Aber sag' schon: Bist du krank oder ist jemand gestorben?"

„Keins von beidem!" Der nächste Schwall Tränen ergoss sich über Evas Gesicht. „Aber Jürgen hat mich verlassen! Er hat eine Freundin!"

Katja fing schallend an zu lachen – ja, sie lachte tatsächlich! „Da bin ich aber erleichtert, dass nichts wirklich Schlimmes passiert ist. Ich bin gleich bei dir." Und noch ehe Eva etwas sagen konnte, hatte Katja aufgelegt.

„Ich weiß gar nicht, warum du dich so aufregst." Katja schüttelte ungeduldig ihre braune Mähne. „Bist du nicht die Frau gewesen, die ihrem Mann vor nicht allzu langer Zeit inständig eine Freundin an den Hals gewünscht hat, nur um reinen Gewissens aus dieser maroden Ehe aussteigen zu können?"

„Aber das war doch gar nicht so gemeint! Ich hatte mich doch nur mal wieder so kolossal geärgert." Eva putzte sich lautstark die Nase. „Wir hätten es doch wenigstens noch einmal zusammen versuchen können! Aber nein, der Herr musste sich ja unbedingt eine Freundin nehmen."

Katja schmunzelte. „Also ist Jürgen doch nicht zu dusselig, um eine Frau aufzureißen, wie du immer behauptet hast."

„Auf wessen Seite stehst du eigentlich?" Eva war

empört. Sie hatte von ihrer Freundin etwas mehr Trost und Frauensolidarität erwartet.

„Ich bin immer für dich da. Aber du weißt doch selbst am Besten, dass eure Ehe schon lange bankrott ist. Noch ein Versuch mehr hätte daran auch nichts geändert. ‚Unüberbrückbare Gegensätze' nennt man das wohl im Juristendeutsch."

Eva drückte sich tiefer in die Couch, zog ihre Beine an und schloss die Augen. Natürlich hatte Katja Recht! Sie brauchte bloß an die endlosen Debatten der letzten Jahre zu denken, die alle keinen Fortschritt in ihre Ehe gebracht hatten. Gleichzeitig kroch ihr die Angst den Rücken herauf, wie immer, wenn etwas Neues in ihrem Leben zu beginnen drohte. Denn Eva hasste nichts mehr als Überraschungen und Neuerungen. In Sekundenschnelle türmten sich gleich sechsundzwanzig Probleme auf einmal vor ihr auf, beginnend bei „A" wie Arbeit und endend bei „Z" wie Zahltag.

Katja nahm ihre Freundin in den Arm. „Nun denk nicht gleich wieder an alle Probleme, die auf dich zukommen könnten", sagte sie, als hätte sie Evas Gedanken gelesen. „Gemeinsam schaffen wir das – wie immer." Katja sah auf ihre Uhr und stieß einen leisen Schrei aus. „Mensch, in zehn Minuten beginnt mein Unterricht. Ich muss dringend los!"

Sie sprang auf, streichelte Eva im Vorbeigehen

über die Haare und eilte dann zur Haustür. Dort drehte sie sich noch einmal um und sagte grinsend: „Einen guten Rat für die Zukunft habe ich aber noch für dich: Sei in Zukunft vorsichtiger mit deinen Wünschen. Schließlich kann man nie wissen, ob sie nicht doch einmal in Erfüllung gehen."

DER ZIMBELSPIELER VON ELKADIA
(eine Parabel)

Es war einmal ein alter König, dem war das Herz so schwer. Er hatte in seinem langen Leben alles gehabt und gesehen, und nun – dem Ende nah – blieb für ihn nichts mehr zu entdecken übrig. Das machte ihn unzufrieden und sehr traurig.

Nur einen großen Wunsch hatte er noch: Er wollte das Zimbelspiel erlernen. Also machte sich der König auf zu Meister Nikolaus, dem Zimbelspieler von Elkadia. Er war der Beste im ganzen Reich. Schweren Herzens und voller Sorgen ließ seine Königin ihn nach Elkadia ziehen.

Hier übte der alte König bis ihn die Glieder schmerzten, machte lange Spaziergänge im Wald und lebte so gesund, dass sein Geist sich wieder erfrischte und er das Instrument bald bis zur Vollendung beherrschte.

Es blieb aber im Dorf nicht lange verborgen, dass der alte König hier das Zimbelspiel erlernte, und ihm flogen die Herzen selbst der jüngsten und stolzesten Frauen zu. Alle wollten sich an seinem Spiel ergötzen und der König beglückte jede seiner Verehrerinnen mit Lust und Hingabe. Dabei fühlte er sich wieder wie ein Jüngling und er vergaß, dass zu Hause eine Königin auf ihn wartete, die sich große Sorgen um seinen Zustand machte.

Nachdem nun die Königin so lange Zeit keine Nachricht mehr von ihrem Gatten erhalten hatte, nahm ihre Sorge Überhand und sie ließ die Pferde anspannen, um nach Elkadia zu fahren und nach dem König zu schauen. Doch was erlebte sie für eine Überraschung, als sie dort den alten König nicht nur wohlauf – sondern auch noch umringt von allen Dorfschönheiten vorfand. Bebend vor Zorn bestieg sie ihre Kutsche und fuhr zurück auf ihr Schloss.

Die Zeit strich ins Land und die Königin begann, sich auch ohne ihren alten König wohl zu fühlen. Sie widmete sich mit Hingabe ihrem Volk und stellte bald fest, dass sie außerordentlich beliebt war. Zusammen mit ihrem Hofrat führte sie die täglichen Geschäfte und das Reich erblühte – auch ohne den König. Bald sprach niemand mehr von ihm und er geriet in Vergessenheit.

Viele Monde vergingen, als der alte König doch noch einmal zu seiner Königin zurückkehrte. Er tat ihr kund, dass er fortan nur noch an der Seite einer jungen Dorfschönen in Elkadia die Zimbel zu spielen wünschte. Als die Königin dies hörte, rief sie eilig ihren Hofrat zusammen, um die ganze Angelegenheit mit ihm zu beraten. Schließlich setzte man ein Schreiben auf, in dem der König sich verpflichtete, auf alle königlichen Rechte und den Palast zu verzichten und keine Ansprüche mehr auf sein Reich zu erheben. Die Königin würde fortan das Volk regieren.

Frohen Herzens unterschrieb der König die Vereinbarung, hatte er doch mit mehr Widerstand und einem langen Kampf gerechnet. Jetzt konnte er sich schneller als erwartet nur noch seiner junge Frau und der Zimbel widmen. Seit Meister Nikolaus das Zeitliche gesegnet hatte, war er der Zimbelspieler von Elkadia. Der Beste im ganzen Reich. Um sein Volk hatte er sich lange genug gesorgt.

Mit leichtem Sinn ließ der alte König seine Sachen zusammenpacken und machte hernach noch einen letzten Rundgang durch den großen Palast. Er ging von Raum zu Raum, aber je länger er ging, desto mehr drückte ihn die Schwermut und auch seine Erinnerungen wogen schwer. Er blickte in einen Spiegel und sah den alten Mann, der er wirklich war – und nicht den Jüngling, als der er sich an der Seite seiner jungen Dorfschönen fühlte. War es wirklich richtig, das Königreich und seine Königin aufzugeben, nur um in Zukunft die Zimbel an der Seite einer jungen Frau zu spielen? Je länger er darüber nachdachte, desto mehr stellte er fest, dass ihm das Zimbelspiel und der Erfolg bei den Frauen wohl die Sinne vernebelt hatten. Der Gedanke, an der Seite seiner alten

Königin ein alter König sein zu dürfen, hatte etwas sehr Beruhigendes, Friedliches und Schönes an sich.

Demütig suchte er daraufhin die Königin und ihren Hofrat auf und bat inständig darum, die Vereinbarung zu zerreißen und in Gnaden wieder aufgenommen zu werden. Man beriet sich, aber die Königin hatte kein Vertrauen mehr zu dem alten König. Also wünschte sie ihm ein gutes Leben beim Zimbelspiel in Elkadia und mit seiner jungen Frau. Dann bat sie ihn, für immer zu gehen.

GLÜCK AUF MAURITIUS
Eine Geschichte zum Träumen

Viola flog nicht in die Flitterwochen und es waren ihre ersten Ferien auf Mauritius. Damit gehörte sie zu einer echten Minderheit der Mauritiustouristen, die entweder frisch verheiratet oder exklusives Stammpublikum waren.

Geduldig schob Viola nun ihren Koffer am Schalter der „Mauritius Air" im Frankfurter Flughafen wenige Zentimeter weiter nach vorn in Richtung Abflug. Wieder hörte sie Uwes Abschiedsworte: „Ich habe vor Kurzem eine andere Frau kennen gelernt. Das war nicht geplant; ich habe mich einfach verliebt." Und dann war fluchtartig verschwunden.

Drei Wochen lang ging Viola wie ein Zombie durch ihr eigenes Leben, bis ihre beste Freundin Susan eingegriffen hatte.

„Du musst hier raus", sagte sie, „und ich weiß auch schon wohin." Ohne Interesse blickte Viola sie an.

„Hast du einen gültigen Reisepass?", fragte Susan ungeduldig.

„Keine Ahnung!", antwortete Viola. „Ich bin schon

seit Ewigkeiten nicht mehr verreist. Du weißt doch – Uwe hatte Flugangst!"

„Dann wird es aber höchste Zeit, dass du wieder einmal hier weg kommst. Schließlich bist du früher oft und gern verreist."

Lustlos hatte sich Viola auf die Suche nach ihrem Reisepass begeben, bis sie ihn schließlich nach einer halben Ewigkeit in der untersten Schublade ihres Wäscheschranks fand.

„Toller Aufbewahrungsort", sagte Susan spöttisch, während sie den Pass aufschlug und feststellte, dass er noch zwei Jahre gültig war. „Dann kann es ja losgehen."

„Und wohin?", fragte Viola immer noch desinteressiert.

„Was hältst du von Mauritius? Englisch und Französisch kannst du ja und im September ist es dort Frühling, also auch nicht zu heiß für dich."

Am Funkeln in Violas Augen merkte Susan, dass sie ins Schwarze getroffen hatte. Und auch Violas Gesichtsfarbe war von käsig-grau auf rosa-rot gewechselt.

„Das wäre schon toll", sagte sie verträumt. „Aber ist das nicht ein bisschen teuer?"

„Papperlapapp! Nach drei Jahren Uwe hast du dir so eine Reise mehr als verdient!" Mit diesen Worten ging Susan in den Flur und kam mit einem Arm voller Reiseprospekte wieder.

„Ich weiß, du konntest Uwe nie leiden, aber so schlimm war er auch wieder nicht", verteidigte Viola ihren Ex-Freund.

„Richtig! Und besonders sein Abgang war eine Wucht!"

Darauf schwieg Viola, weil sie im Stillen ihrer Freundin Recht geben musste. Sie ging in die Küche, holte eine Flasche Rotwein und wenig später wälzten die beiden Frauen auf dem Boden liegend Reiseprospekte. Viola spürte, wie langsam das Leben wieder in sie zurückkehrte. Nach langem Hin und Her entschied sie sich für das Hotel „The Residence" in Belle Mare – fünf Sterne und jede Menge Luxus und natürlich sündhaft teuer.

„Jetzt muss ich bloß noch Urlaub kriegen und mein Konto plündern", gähnte Viola und schaute auf die Uhr. Es war mittlerweile Mitternacht geworden.

Susan stand auf und streckte sich. „Höchste Zeit fürs Bett", sagte sie und umarmte ihre Freundin zum Abschied. „Du meldest dich aber noch, bevor du fliegst?"

„Das ist doch Ehrensache! Schließlich hast du mir gerade mit deiner Idee neues Leben eingehaucht. Aber so schnell wird das mit der Urlaubsgenehmigung nicht gehen. Mein Chef macht doch immer Theater, wenn ich Urlaub nehmen will."

Aber alles ging schneller als gedacht, und drei

Wochen später stand Viola auf dem Frankfurter Flughafen.

„Wo möchten Sie sitzen?", fragte die Bodenstewardess Viola freundlich.

„Am Gang, wenn das möglich ist." Viola dachte an ihre schwache Blase, und dass sie sich immer scheute, ihre Flugnachbarn allzu oft zu stören. Da war für sie auf einem langen Flug ein Gang-Platz besser als ein Platz mit Aussicht.

Pünktlich um acht Uhr hob der Flieger in Richtung Mauritius ab und Viola war sehr beeindruckt vom freundlichen Flugpersonal und dem sensationellen Essen. Nach dem geräucherten Lachs mit Salat und der Lammkasserolle arabischer Art musste sie zu ihrem eigenen Bedauern bei der Apfel-Mohn-Torte passen, weil sie komplett satt war.

Nachdem die Stewardesse abgeräumt hatte, lehnte sich Viola zufrieden in ihrem Sitz zurück und schloss die Augen. Jetzt genoss sie jeden Flugkilometer, der sie von ihrem Schmerz über die Trennung von Uwe entfernte.

Nach zwölf Stunden Flug wurde Viola von einer endlosen Schlange an der Passkontrolle begrüßt. Bevor sie ihr Gepäck abholen konnte, verging eine weitere Stunde und dann lief sie eilig zum Flughafen hinaus, wo bereits ein Auto vom Hotel mit Chauffeur auf sie wartete.

Als Viola nach einer Stunde Fahrt entlang des nachtblauen Ozeans an ihrem Ziel ankam, war es bereits ein Uhr morgens. Mit dem Betreten des Hotels fing für Viola ein nie gekanntes Luxusleben an. Der Butler, der sie um diese späte Stunde in ihr Zimmer führte, erbot sich, ihre Koffer auszupacken. Danach ließ er Viola ein Bad mit parfümierten Ölen und einem halben Meter Schaum ein. Bevor er ging, teilte er ihr noch mit, dass sie nur die drei auf dem Haustelefon zu wählen bräuchte, dann sei er sofort da. Zu ihren Diensten.

Am nächsten Morgen ging sie nach einem ausgiebigen Frühstück auf der Sonnenterrasse ihres Zimmers zum Strand. Am türkisfarbenen Ozean legte sie sich in einen bequemen Liegestuhl unter eine Palme und beobachtete ein kreischendes Mädchen, das am blauen Himmel hinter einem Motorboot her flog – Parasailing. Da auch Viola nicht die Urlauberin war, die nur am Strand liegen konnte, machte sie sich nach einiger Zeit auf den Weg zur Rezeption, um sich nach Ausflugsmöglichkeiten zu erkundigen.

„Können Sie Schnorcheln?", fragte die Hotelmanagerin in perfektem Deutsch. Viola nickte. „Dann empfehle ich Ihnen einen Ausflug, auf dem Sie mit Delphinen schwimmen können. Es geht allerdings sehr früh los."

„Das ist in Ordnung", sagte Viola. „Können Sie das für mich arrangieren?"

„Selbstverständlich", antwortete die Managerin. „Morgen früh um sieben Uhr wird ein Taxi vor dem Hotel auf Sie warten, dass Sie dann zur Westküste nach Grand Rivière bringen wird. Ich buche den Ausflug für Sie."

Am nächsten Morgen fuhr ein kleines Schnellboot mit neun Passagieren und zwei Führern hinaus aufs Meer. Viola war sehr aufgeregt, weil sie schon länger nicht mehr geschnorchelt hatte. Als sie die Bucht erreichten, wo sich die Delphinfamilien aufhielten, war nicht nur ihre Angst wie weggeblasen, sondern auch ihr ganzer Schmerz.

Zweimal ging sie mit dem Führer ins Wasser, um mit den Delphinen um die Wette zu schwimmen. Alle Dinge leuchteten in dieser unterirdischen Welt. Es war eine Szenerie, die ihre Farben nicht von der Sonne zu erhalten schien, sondern von einer mächtigen Lichtquelle irgendwo in der Tiefe. Einzelne Fische waren kaum zu unterscheiden, vielmehr zogen Massen von kleinen Fischen über die Korallenbänke wie Wolken über eine Sommerwiese.

Als Viola überglücklich nach dem zweiten Tauchgang an Bord gehen wollte, quetschte sie sich an der Leiter so übel den Finger, dass ein Führer sie nach dem Ausflug in die Klinik nach Vacoas fuhr.

„Wie haben Sie das denn hingekriegt?", fragte der

Arzt in akzentfreiem deutsch. Viola blickte erstaunt in zwei samtbraune Augen, die sie belustigt ansahen.

„Ääh, ich weiß nicht genau", stammelte sie und schaute verlegen zu Boden. Diese Augen hatten Viola bis ins Mark getroffen. Wenn es überhaupt Liebe auf den ersten Blick gab, fühlte sie sich dann so an? Vorsichtig hob Viola ihre Augen und versank noch einmal in dem Blick ihres Gegenübers.

Sie wusste nicht, wie lange sie beide so dagesessen hatten, als eine Stimme sie aus ihrer Versunkenheit riss: „Karsten! Beeilung! Draußen warten noch mehr Patienten."

Der Arzt schüttelte kaum merklich seinen Kopf, als müsse er sich von einem Traum befreien. „Ich beeile mich ja, Conny", erwiderte er und begann, Violas Hand zu versorgen. Conny beobachtete nun jeden seiner Handgriffe und wich nicht mehr von seiner Seite.

Als ob sie ihn bewachen würde, dachte Viola und fühlte sich unbehaglich.

„So, das hätten wir", meinte der Arzt als er fertig war. „Ich muss Sie aber noch einmal wieder sehen. In drei Tagen etwa um siebzehn Uhr würde ich mir die Wunde gern noch einmal ansehen. Aber nicht böse sein, wenn Sie warten müssen, denn so genau lässt sich mein Klinikalltag nicht planen." Er lächelte sie zärtlich an.

„Ich werde da sein", versprach Viola. Schließlich musste sie ihn auch dringend wieder sehen.

„Und wohin geht die Rechnung?", warf Conny schnippisch ein.

Viola gab ihr sowohl die Adresse des Hotels als auch ihre Heimatadresse und verließ verwirrt das Krankenhaus. Mit einem Taxi fuhr sie zurück ins Hotel. Als die Managerin Viola auf ihren Ausflug und ihre Verletzung ansprach war die kaum in der Lage, eine vernünftige Antwort zu geben, so durcheinander war sie.

Obwohl Viola an einem der schönsten Plätze der Erde war – gepaart mit enormem Luxus -, bekam sie von all dem kaum noch etwas mit. Unter ihrer Palme am türkisblauen Ozean versank sie im weißen, warmen Sand liegend drei Tage lang in Tagträumen, die nur von ihr und Karsten handelten. Viola unterbrach ihre Träumereien lediglich zu den Mahlzeiten, wobei sie allerdings später nicht mehr genau sagen konnte, was sie eigentlich gegessen hatte.

Endlich waren die drei Tage um. Viola stand nun vor ihrem Kleiderschrank und verwarf ein Outfit nach dem anderen. Nach langen Hin und Her entschied sie sich für ein weißes Kleid, das ihre frisch erworbene Bräune zusammen mit ihrem blonden Haar sehr gut zur Geltung kommen ließ.

Pünktlich um siebzehn Uhr betrat Viola das Vorzimmer von Dr. Karsten Fischer. Seinen vollen Namen hatte sie durch die erste Rechnung erfahren, die Conny ihr bereits geschickt hatte.

„Einen kleinen Moment noch", sagte die Sprechstundenhilfe Conny kühl und stand hinter ihrem Schreibtisch auf. „Ich habe noch etwas mit dem Doc zu besprechen." Aber noch bevor sie die Sprechzimmertür erreichen konnte, ging diese auf und Karsten kam heraus.

„Kommen Sie doch bitte durch, ich habe schon aus Sie gewartet", sagte er freundlich und schaute Viola wieder mit diesem unwiderstehlichen Blick an.

„Aber Karsten wir wollten doch…", meldete sich Conny unerbittlich zu Wort. Auch sie hatte den Blick bemerkt, mit dem ihr Chef seine neue Patientin bedacht hatte.

„Nicht jetzt, Conny, das hat Zeit bis Morgen. Du kannst Feierabend machen." Mit diesen Worten führte der Arzt Viola wie ein zerbrechliches Kleinod durch die Tür und schloss sie hinter ihr.

„Das sieht aber schon viel besser aus", sagte Dr. Fischer nur wenig später sanft und streichelte über Violas Finger. Ein heißer Schauer rann ihr den Rücken hinunter. „Ich muss aber einen weiteren Verband anlegen, damit die Wunde auch optimal verheilt."

Nachdem er das erledigt hatte, setzte sich der Arzt hinter seinen Schreibtisch und blickte Viola an. „Wenn Sie Lust und Zeit hätten, dann würde ich Sie gern zum Essen einladen. Ich möchte zu gern wieder einmal Neues aus der alten Heimat hören. Selbstverständlich

bringe ich Sie danach in ihr Hotel." Erwartungsvoll
sah er Viola an.

„Das wäre schön", war alles, was Viola mit heise-
rer Stimme hervorbringen konnte.

Nach einer kurzen Fahrt durch eine grüne Welt
voller exotischer Pflanzen betraten Viola und Karsten
schließlich das Restaurant „Chez Tino" in Trou d'
Eau Douce. Der Oberkellner schien Karsten zu kennen, denn er begrüßte ihn freundlich und führte sie
dann zum besten Tisch auf der Terrasse. Die blutrot
untergehende Sonne warf ihre letzten Strahlen auf
Karstens braunes Haar und verlieh ihm einen rot gol-
denen Glanz. Viola war wie geblendet.

„Kommen Sie öfter hier her?", fragte sie unbehaglich, nachdem sie sich gesetzt hatten.

„Sie wollen wohl wissen, ob ich schon mit vielen
Frauen hier gegessen habe", entgegnete Karsten belustigt. „Nein, das habe ich nicht. Ich konnte dem Sohn
des Oberkellners einmal helfen, daher kennen wir
uns."

Viola errötete und schaute beschämt in die
Speisekarte mit den kreolischen Fischspezialitäten.
Das alles sagte ihr gar nichts.

„Darf ich für Sie wählen?", fragte Karsten, der ihre
Unsicherheit bemerkt zu haben schien.

„Aber gern!" Viola sah ihn an und bemerkte das
lodernde Feuer in seinen Augen. Nun war es an ihm,

seinen Blick zu senken. Zum Glück erschien in diesem Moment der Oberkellner und Karsten gab ihre Bestellung auf.

Während des Essens erzählte Viola von Deutschland, und warum sie auf Mauritius Ferien machte. Ohne viele Worte waren sie mittlerweile beim „du" gelandet. „Und wie bist du hier gestrandet?", fragte Viola neugierig.

„Nachdem mein Vertrag in einem deutschen Krankenhaus ausgelaufen war, habe ich auf Mauritius erst einmal Urlaub gemacht, wo ich auch Conny kennen gelernt habe. Durch sie, die damals schon hier in der Klinik arbeitete, habe ich von einer freien Stelle erfahren und mich beworben."

„Conny und du, seid ihr eigentlich ein Paar?" Viola sah Karsten misstrauisch an.

„Kein Gedanke! Damals waren wir zwar eine Zeit lang zusammen, aber das ist längst vorbei. Heute sind wir bloß noch gute Freunde."

„Sieht sie das genau so?", fragte Viola.

„Aber sicher!" Karsten streichelte zart über Violas Wange und schaute ihr dabei liebevoll in die Augen. Dieser Blick vertrieb die düsteren Wolken in Violas Kopf und sie lächelte zärtlich zurück.

Spät in der Nacht brachte Karsten Viola zurück in ihr Hotel. „Ich weiß, du hast in letzter Zeit viel Schlechtes mit Männern erlebt", sagte er zum Abschied. „Aber du kannst mir vertrauen. Für mich gibt es nur noch dich!" Dann nahm er Violas Gesicht in seine Hände und küsste sie innig.

Zwei Tage später ging Viola voller Vorfreude durch den Klinikflur zur letzten Kontrolle ihrer Hand. Sie war glücklich, weil nun ein langes Wochenende mit Karsten vor ihr lag. Hand in Hand würden sie in der milden Sonne am endlosen, weißen Strand spazieren gehen. Im Schatten jeder Palme wollte sie ihn küssen und im weiten Ozean seiner Augen versinken.

Plötzlich legte sich von hinten eine feste Hand auf ihre Schulter. Erschrocken drehte sich Viola um und blickte in die eisgrauen Augen von Conny.

„Wenn Sie von zwei gemeinsamen Tagen mit Karsten träumen sollten, dann vergessen Sie das ganz schnell!" Jedes dieser Worte traf Viola wie ein Messer in die Seele. „Er und ich werden uns nämlich am Wochenende auf Réunion über eine Hochzeitszeremonie am Strand informieren. Das hatten wir schon lange vor!"

Viola wurde totenblass und schwankte. Konnte sie sich so in Karsten getäuscht haben? War Conny doch noch seine Freundin und sie nur eine willkommene Abwechslung? Aber wieso eigentlich nicht? Schließlich kannte sie ihn kaum. Wie in Trance ließ sie sich von Conny in Karstens Sprechzimmer führen.

„Hast du ein Gespenst gesehen?", fragte der gut gelaunt. „Ach übrigens, unser gemeinsames

Wochenende müssen wir leider verschieben. Ich bin schon seit langem bei einem Freund auf der Nachbarinsel eingeladen und kann das unmöglich absagen."

„Das trifft sich gut", entgegnete Viola frostig, „dann kann ich mit Pierre das Wochenende auf seiner Yacht verbringen. Es wäre doch schade gewesen, wenn das nicht geklappt hätte. Vielleicht bleiben wir auch etwas länger."

„Wie schön für dich", sagte Karsten unterkühlt. „Dann wollen wir dein Vergnügen nicht durch einen Verband an der Hand trüben." Geschickt entfernte er den Verband. „Alles in Ordnung; für die Verletzung brauchst du nicht noch einmal zu kommen."

„Das hatte ich auch nicht vor", sagte Viola heiser und schluckte ihre Tränen hinunter. „Ein schönes Wochenende, bis dann!"

„Bis dann, und dir auch viel Spaß."

Viola verließ das Sprechzimmer und verabschiedete sich kurz von Conny. Nachdem sie die Tür geschlossen hatte, konnte Viola nicht mehr das breite Grinsen auf dem Gesicht ihrer Rivalin sehen.

Obwohl Viola tief getroffen war hatte sie nicht vor, wieder im Elend zu versinken. Also buchte sie bei der netten Hotelmanagerin für den folgenden Tag ein Taxi, um die Insel zu erkunden.

Als erstes besuchte sie Port Louis, die quirlige Hauptstadt von Mauritius. Die Shopping- und

Amüsiermeile Caudan Waterfront hatte es ihr besonders angetan, aber nach zwei Stunden shoppen war Viola froh, sich im zehn Kilometer entfernten botanischen Garten „Pampelmousses" erholen zu können. Besonders faszinierte sie hier der zweihundertundfünfzig Jahre alte Buddha-Baum. Ihre letzte Station war das Zuckermuseum, das von der Geschichte Mauritius' bis zur Zuckergewinnung alles zeigte. Am Ende der Besichtigung stand hier eine Zucker- und Rumverkostung auf dem Programm, die Viola sich nicht entgehen ließ. Danach war die schwarze Wolke über ihrem Kopf verflogen und sie kehrte beschwingt in ihr Hotel zurück.

„Ein Herr hat mehrere Male für Sie angerufen", sagte ihr Butler zwei Tage später.

„Ich möchte ihn nicht sprechen", entgegnete Viola mit einem Kloß im Hals. „Sagen Sie ihm das bitte, wenn er noch einmal anruft."

Stolz warf sie ihren Kopf in den Nacken und ging zum Pool, um sich zu bräunen und zu schwimmen. Das wäre ja noch schöner, wenn sie sich die teure Reise vermiesen lassen würde! Aber ganz tief innen drin war sie todtraurig, weil sie immer noch nicht begreifen konnte, wie Karsten sie so hatten hintergehen können.

Am späten Nachmittag, gerade als sie den Pool

verlassen wollte, sagte eine wohlbekannte Stimme hinter ihr: „Was habe ich dir eigentlich getan?"

Viola drehte sich mit zornig blitzenden Augen um. „Das fragst du noch? Hattest du Spaß, dir mit Conny eine passende Hochzeitszeremonie auszusuchen?"

Karsten stutzte, und dann fing er fürchterlich an zu lachen. „Das ist gut! Ja, Hochzeitszeremonie stimmt; ja, Conny war auch dabei; ja, Spaß hatte ich auch! Aber doch nur bei der Hochzeit eines gemeinsamen Freundes!" Immer noch schüttete er sich aus vor Lachen, bis er plötzlich stutzte. „Hast du etwa gedacht…"

„Was hätte ich denn sonst denken sollen? Schließlich hat Conny mir bei meinem letzten Krankenhausbesuch erzählt, dass ihr beide euch über eine Hochzeitszeremonie informieren wolltet!"

„So eine falsche Schlange", sagte Karsten wütend. „Also hat sie mir die ganze Zeit die Freundschaft nur vorgespielt und dabei die Hoffnung auf eine gemeinsame Zukunft nie aufgegeben!" Er nahm Viola zärtlich in die Arme. „Du musst mir glauben, zwischen uns läuft nichts mehr. Für mich gibt es nur noch dich! Apropos – was machen eigentlich Pierre und seine Yacht?"

„Welcher Pierre?", fragte Viola verwirrt, und dann erinnerte sie sich. „Ach der …!" Karsten grinste und Viola schmiegte sich überglücklich an ihn.

Während ihrer restlichen Urlaubstage hatte Karsten

sich frei genommen, um Viola die Schönheiten der Insel abseits des Tourismus zu zeigen. Nun hatte sie sich nicht nur in Karsten verliebt, sondern auch noch in Mauritius.

An ihrem letzten Abend schwammen sie gemeinsam in der untergehenden Sonne im Ozean. Hustend und prustend tauchten sie sich gegenseitig unter, um sich gleich darauf wieder aneinander zu klammern, zwei tollkühne Herzen in wildem Taumel.

„Wirst du zurückkommen?", fragte Karsten atemlos. „Es gibt hier nämlich noch eine Zeremonie, die ich nur mit dir erleben möchte."

Wasser tropfte aus Viola Haaren und ihre blauen Augen strahlten vor Vergnügen über das Leben und die Liebe.

„Ja, ich will", sagte sie leise. Danach sahen sie sich in die Augen, ohne ein Wort, nur erfüllt von einem Gefühl grenzenlosen Glücks.

Über die Autorin

Carmi Navarra, Jahrgang 1952, lebt in der Nähe von Köln. Bevor sie sich dem Schreiben widmete, studierte sie Betriebswirtschaft.

„Die letzte Auktion" ist ihr erstes Buch mit Kurzgeschichten aus dem täglichen Leben.